WALKING THE PATH

NewPhilosopher

新哲人

我是个现代人，我需要平衡

澳大利亚新哲人编辑部　编著
向婧婷 译

中信出版集团 | 北京

图书在版编目（CIP）数据

新哲人．我是个现代人，我需要平衡 / 澳大利亚新哲人编辑部编著；向婧婷译．-- 北京：中信出版社，2021.1（2025.8重印）
书名原文：NewPhilosopher:FINDING BALANCE
ISBN 978-7-5217-2151-5

Ⅰ．①新… Ⅱ．①澳… ②向… Ⅲ．①哲学—研究—世界 ②社会哲学—研究 Ⅳ．① B1 ② B0

中国版本图书馆 CIP 数据核字 (2020) 第 159566 号

新哲人——我是个现代人，我需要平衡

编　　著：澳大利亚新哲人编辑部
译　　者：向婧婷
出版发行：中信出版集团股份有限公司
（北京市朝阳区东三环北路27号嘉铭中心　　邮编　100020）
承 印 者：北京启航东方印刷有限公司

开　　本：787mm×1092mm　1/16　　印　　张：8.75　　字　　数：150 千字
版　　次：2021 年 1 月第 1 版　　印　　次：2025 年8月第 8 次印刷
书　　号：ISBN 978-7-5217-2151-5
定　　价：59.00 元

选题策划　心码文化
出 版 人　山　海 曹萌瑶
策划编辑　蒲晓天 刘寻美
特约编辑　姜雪梅 陈格平
责任编辑　杨　洁
营销编辑　崔　琦　陈和蕾　杨　光
封面设计　午未创意
版式设计　李　一

世界越多不确定性，我们越需要成为自己生活的哲学家。平衡有度，才能御风而行。这本《新哲人》推荐给你。

冯仑
企业家

这本书同时呈现给你哲学的两面性：哲学是古老的，抽象的，形而上的，思辨的。同时哲学也是先锋的，具象的，刺激的，迷人的。哲学解决不了任何问题，同时又试图解决每个人的问题、社会的问题和宇宙万物的问题。哲学与生活无关，又与每个人的生活息息相关。

李松蔚
心理学家

哲学是一个动词。

哲学首先不是既定的已成的知识体系，而是一个过程。哲学是对我与非我的反思，不断的反思。反思是一个动词。反思不是简单的思，更是对于思的思。重新思考身边我们以为熟悉的事物。所谓哲人，是哲学这个动词的主语。以反思的姿态，面向世界，面向自我，以及万物。

《新哲人》的新，也是一个动词。

田松
南方科技大学人文社会科学学院教授

《新哲人》之“新”，表现为两点：一、别出心裁；二、关注当下。这两点正好对应着一小一大两个尺度：小尺度指的是，篇幅短小精悍，叙述切入点细致入微；大尺度指的是，主题涵盖的时间，久而幽深，涉及的空间，广而弗届。

我还想指出这套读物隐而不彰的特点：主力作者皆来源于盎格鲁-撒克逊人群，他们看待世界的方式，是小中见大，特殊中总结一般。用小尺寸衡量事物，易于把握，然后水推波纹，遇到大尺寸事物，往往不失聚焦；小尺寸事物近在眼前，经验可识，大尺寸是小尺寸的自然延伸，辅以博弈中的理性计算，无往不利。“利”可多解，每篇小文皆为一解，极其可爱。

刘苏里
万圣书园创始人

| 序言 |

一个风云变幻的时代，我们更需要哲学来平衡

_姜宇辉

对于哲学，一般的爱好者和普罗大众最常提的问题恰恰就是：哲学到底有什么用？

然而，多少令人遗憾的是，我们这些以哲学为志业的学者对这个问题却总是回答得并不好。有些人抱着一种轻视乃至高傲的态度，觉得“用”的问题对于哲学来说根本无关紧要，甚至无关痛痒。哲学，如果说真的有一个终极的追求和目的，那恰恰就是“真理”。哲学家，就是要一辈子殚精竭虑，去求一个真，去究一个底。至于这个真理到底能在人间产生什么样的作用，能够为种种现实的事务提供怎样切实的引导，哲学家可以去关心，但前提是不能本末倒置，不能荒废了自己的“求真”大业，进而迷失于种种“用”的计较之中。毕竟，在柏拉图的意义上，真理既是理念（Idea），又是理想（Ideal），它必然是远远高于、超越于现实之上，但正因此，它才具有至高无上的价值。或许我们对于哲学家的期待本来就是：你们放心放手去踏上求索的征途吧，至于“用”的问题，就留给我们这些凡人俗人来操心吧。

“真”与“用”这个原初分立，本来看起来并不是什么坏事。甚至可以说，正是因为哲学家们可以看淡人间之用，他们方可以更自由洒脱地追寻真理之路。但是随着历史进程的展开，真与用之间渐行渐远，甚至变成了两股截然对立的力量，这或许就多少有些偏颇，甚至误入歧途。仔细想来，在苏格拉底和柏拉图的年代，当那些开创历史的哲学英雄以真理来对抗智者们的“意见”之时，可并没有完全忽视乃至贬低“用”这个向度。他们之所以暂时搁置种种世俗之用的考量，这首先可能是因为沉思冥想占用了大半人生的时间，确乎无暇去思考那些“琐事”和俗事。但更重要的原因其实是，在他们看来，真理本身就具有一种用，而且是终极大用，是所有“用”之中最有用的，是足以为各种“用”提供最高目的和标准之“用”。简单说，当哲学家将真理呈现于人间之际，这个呈现本身就足以照亮整个世界，就足以为人类的社会和历史提供最根本的指导和指引。

所以，用也是有等级的，有层次的，甚至有价值的高低。有终极的大用，也有雕虫“小用”。这样看来，那些质疑乃至诋毁哲学之“无用”的好事之徒，似乎从起点上就错了，错就错在，他们根本没有意识到，“用”也有各种各样的形态，高下有别的等级。仅仅从现实之用的角度来看，哲学确实是不大有用的，甚至往往跟“用”背道而驰。但为何一定要用现实作为镜子来照哲学呢？为何不能反过来用哲学之镜来照亮现实呢？这样一来，相信明眼人顿然间就会参透真相：原来，这个世界上最有用的恰恰不是名、利、权，而更是“真”啊！我自己也经常喜欢跟学生和读者清楚明白地强调这样一个意思，那就是，关于人世间的种种困惑，其实古往今来的哲学家们早就已经给出了深刻的洞见和明确的答案，而你们之所以始终对这个要点将信将疑，那要么是因为你们读了听了“假的”哲学，要么是因为你们有心向哲学，但却苦于不得其门而入。

这，才是我们这些研习哲学的所谓“专家”真正应该做的一件“专业”的事情，那就是给身边的人们更多切实的引导。想来，苏格拉底当年之所以要花费那么多时间苦口婆心地启蒙雅典的青年，也确实是因为，如果他不做这个重要的工作，那么年轻人就会在那些智者的蛊惑之下逐渐偏离真理之途。这绝对是一件更为可怕的事情。所以，在我们这个媒介发达的数字时代，哲学学者就更应该以专业的背景和扎实的素养来“反哺”社会，因为，如果我们不做这个工作，那么，哲学就会淹没在各种肤浅而误导的“意见”之中。

但正是这个现实之“用”的维度，恰恰在今天那些禁锢在学院中的学者们身上普遍缺失。在他们看来，韦伯意义上的“志业”似乎早已简化、退化为一种“职业”。“做哲学”，似乎也就变成了认认真真做的“一件”事情，就像是埋头从事一个项目，就像是敬业地完成一个任务。他们不愿意、不屑于跟大众去讲哲学，去讨论哲学，他们只愿意跟“同行专家”进行“学术”的研讨。因为毕竟，这会为他们的“职业”提供一个非常确实可靠的“认证’，由此一步步顺利登上职业的阶梯，从讲师到教授，再到各种头衔光鲜的某某“学者”。今天，我们似乎越来越忽视乃至刻意遗忘了苏格拉底当年开创的艰苦卓绝的哲学对话之伟业，我们甚至要每每搬出“无用之大用”这样模棱两可的借口来搪塞社会，来开脱自己的责任，似乎只要关在书斋里面读书就好，似乎只要战战兢兢地遵循学术规范就行。一句话，我们越来越缺失的，似乎正是让思想面对活生生的生命的力量。

就此而言，《新哲人》这本杂志的取向是我自己非常认同和推崇的，因为恰恰和我这些年来做的工作不谋而合。看到有越来越多的专业学者开始认真诚恳地将哲学带出书斋，带向人生，进而化作实实在在的洞察和启示的力量，这绝对是一件相当令人欣慰的事情。固然，“新哲学”并不能算新了，而且往往多少带有贬义。晚近法国和德国的两波以新哲学为名号的潮流似乎都不大为学界所认同。比如，当红的哲学才子，德国的马库斯·加布里埃尔就曾被讥讽为“电视哲学家”，那意思无非就是说，他只会做秀，不具真知。但我反倒觉得，这个嘲弄之语说出了几分真相，因为这个时代的哲学，确实鲜明地打上了电视、电影、网络甚至游戏等等主流媒介之印记。当然，我们都还清楚记得德勒兹和加塔利在《什么是哲学？》中的著名断语，真正的哲学是与“传播（communication）”泾渭分明，水火不容的。

说得直白一点，要想在各种传播媒介的平台之上去认真严肃地讲述、探讨哲学，这简直就是痴人说梦。但或许，德勒兹他老人家低估了现实的严峻。在他和好友合著这最后一部作品的年代，互联网都还不太发达，人们还是更习惯于从书本之中去获取知识。但到了这个后人类和加速主义的时代，不仅读书的人越来越少，而且即便是“读”与“思”这些根本性的精神活动，也早已深深地陷入到数字和算法的“座架”之中。看看那些公众号推送的哲学文章吧，好像不画出重点句就根本读不下去，好像大家都匆忙到只有时间撷取几个片断的结论，根本没有时间去慢慢展开一个真实的思辨进程。再看看B站上面的那些哲学的视频，也似乎早已将表演和景观的视觉语言作为自己的“充足理由”，有没有道理有啥重要的，“好看”就行了呗！各种视觉特效，满屏的弹幕攻击，才是真正的要点：“老师，我在B站上看德勒兹呢！” 在愤懑中毅然辞世的斯蒂格勒在《技术与时间》第三卷中曾发人深省地说，今天的“意识犹如（comme）电影”。而我们也确实不妨引申一句，今天的“思想也犹如B站”。

而面对这些“新”状况，哲学本身又怎能不以“新”的方式和态度去面对？“新哲人”之“新”，并非在于他们总是求新求变，迎合大众媒体的口味，甚至将自己化身为“思想时尚”的代言人。这里的“新”更带有福柯和阿甘本意义上的“当代”的强烈意味。真正的当代人，绝不会趋炎附势，更不会随波逐流，而是要在阿伦特的意义上对当下给出一个明确的哲学的“判断”。这样一种判断，首先当然来自深厚扎实的哲学阅读和思辨训练，但同样也必须鲜明指向当下的现实，对抗各种媒介对于思想的捕获、同化和操控。因此，新哲学恰恰就新在它对媒体的一种迥然不同之“用”，不是“顺用”，不是缴械投降，而恰恰是“逆用”，是重新用真理之理由来对抗，甚至来逆转、改造媒介景观之逻辑。

由此我觉得《新哲人》汉语版这第一期的标题就极具意味。平衡，既是自柏拉图和斯多亚以来的哲学践行，同样也是尼采倡导的生存美学。毕竟，《查拉图斯特拉如是说》开篇的经典形象就是走钢丝的人，而这又与本期MOOK（杂志书）第10页的那张图片不谋而合。法国学者卢迪内斯库曾写过一本颇为畅销的书《风暴中的哲学家》（*Philosophy in Turbulent Times*），真的是颇为恰切。我们所身处的，似乎正是这样一个“风云变幻”的时代，而如何再度呈现哲学之大用，如何以求真之道来引领平衡的人生，不迷失，不盲从，不绝望，这绝对是值得所有真爱哲学的人认真思索的一个大问题。对此，《新哲人》这本MOOK或许已经给出了一个相当出色的答案，未来可期。

01 主编的信

这世上，美妙之物与丑恶之物，高尚之事与卑鄙之事，永远互相平衡。

——

拉尔夫·沃尔多·爱默生

平衡

1974年8月一个温暖惬意的清晨，有一位年轻男人走在纽约双子塔之间的一根钢丝上。在这45分钟的时间里，路人胆战心惊地看着菲利普·珀帝在距离地面400米的地方完成这一壮举，挑战着身处高处的恐惧、重力和强风。

有人问及珀帝这次平衡表演的动机，他回答说："没有原因。"但是我猜测原因是他想在混乱中创造秩序，在纷争中寻找和谐。无论我们喜欢还是不喜欢，生活在大部分时候总是失衡的。我们都试图寻找重回平衡的方式。一旦找到，我们就会尝试维持这种平衡。多睡觉，少点工作；多笑笑，少点压力；多倾听，少点诉说；多奉献，少点索取；多冒险，少点恐惧。

在这次钢丝表演的9年后，珀帝的女儿科迪亚·吉普赛出生了。又一个9年过去后，吉普赛因为脑损伤离世。谈到女儿的死亡，珀帝说："每个人都需要在喜悦与悲伤之间找到平衡。"

珀帝曾在高空走钢丝，又从女儿死亡的悲痛中恢复。两次似乎都是在不可能的情况下找到平衡。我们可能不会走钢丝。但是，在生活看起来一团乱的时候，我们也许可以尝试跟随珀帝的脚步，找回平衡。至少，情况不会变得更糟糕。

赞·博格

《新哲人》主编

目录

Balance

照片：《走钢丝的人》，罗马尼亚特雷西瓦尼亚，福特潘

撰稿人

迈克尔·普鸣

哈佛大学中国历史与人类学“沃尔特·C.克莱因教授”（哈佛大学以美国北印第安纳主教沃尔特·克莱因命名的教授职位）、哈佛大学宗教研究委员会主席。感兴趣的研究方向是哲学、人类学、历史与宗教之间的关系。他希望将中国研究纳入更为宏大的历史和比较框架。著作包括《创造的矛盾：关于中国早期创新与艺术的争论》、《成神：早期中国的宇宙观、祭祀和修仙》和《正道：中国哲学家论好的生活》。

伊丽莎白·安德森

密歇根大学哲学与女性研究教授、“亚瑟·F.瑟诺教授”（密歇根大学校友亚瑟·F.瑟诺捐助并以其命名的教授职位）和“约翰·杜威杰出大学教授”。密歇根大学哲学、政治与经济学专业的第一位主任。研究方向包括：政治哲学中的平等、种族融合和市场的道德极限。目前，正以废奴主义的历史作为中心案例，研究平等主义的历史。

奈吉尔·沃伯顿

自由哲学家、个体播客、自由作家，《新哲人》特约编辑，“一口哲学”（Philosophy Bites）播客节目的主持人，曾任公开大学哲学高级讲师和诺丁汉大学哲学讲师。被誉为“我们这个时代最受欢迎的科普哲学家之一”。著作包括《哲学历史小记》、《从A到Z的思维》和《经典哲学》。

玛丽安娜·亚历山德里

得克萨斯州大河谷大学助理教授，主讲欧陆哲学、存在主义、宗教哲学和西班牙语哲学。她曾为《纽约时报》《今日哲学》《女人》《泰晤士报高等教育》《高等教育纪事》等杂志和许多学术期刊撰稿。她的教学方向主要包括存在主义和墨西哥裔美国人哲学。

帕特里克·斯托克斯

墨尔本迪肯大学哲学讲师，专门研究19世纪和20世纪的欧洲哲学、个人身份、叙事自我、道德心理学以及死亡与纪念哲学。他尤为关注的话题是构建克尔凯郭尔（丹麦哲学家、神学家，被视作存在主义的创立者）与当代个人身份和道德心理分析哲学的桥梁，使二者进行对话。曾荣获2014年“澳大拉西亚哲学协会媒体奖”。

玛丽娜·本杰明

《新政治家》前任艺术编辑和《伦敦晚旗报》艺术副编辑。她也是一名回忆录作家，最著名的作品是《中场休息》，以诗学与哲学的角度探讨了中年生活。最新的回忆录《失眠》即将面世。此外，本杰明还是《万古》杂志（*Aeon Magazine*，2012年创立于伦敦的哲学与文化电子杂志）的高级编辑、皇家文学基金会的顾问研究员，并在爱文基金会（Arvon，1968年成立于英国的推广创意写作的慈善组织）担任创意写作导师。

蒂姆·迪恩

新南威尔士大学哲学博士，研究方向是进化与道德。曾担任《宇宙》《澳大利亚生命科学家》的编辑，以及《对话》的科学技术编辑。如今是悉尼大学哲学系名誉研究员。作品发表于《新科学家》《大众科学家》《宇宙》《悉尼先驱晨报》和澳大利亚广播公司相关节目中。2015年，荣获“澳大拉西亚哲学协会媒体专业奖”。

克拉丽莎·塞巴格-蒙特菲奥雷

2009年到2014年在中国居住。在此期间，曾担任*Time Out Beijing*杂志的副主编、*Time Out Shanghai*杂志的艺术主编，以及《纽约时报》国际版的专栏作家，在博客“纬度纵横：世界之声”上发表来自中国的报道。如今，她为《卫报》《经济学人》《金融时报》《纽约时报》《华尔街日报》《时代》等报纸杂志撰文。

奥利弗·波克曼

纽约的一名作家，外国新闻协会“年度青年记者”，曾入围2006年奥威尔奖。著作包括《救我！论如何快乐而高效地生活》和《灵药：悲观之人值得的幸福》。这些作品探索了消极性、不确定性、失败与不完美的积极作用。

赞·博格

《新哲人》主编，也是国际报摊杂志《女人》的编辑总监和“诗人”书店的主管。2017年，获得了“澳大拉西亚哲学协会媒体专业奖”，并入围国际书架奖（体育杂志*Stack*所设奖项）的“年度编辑”。博格定期发表有关哲学、科技、媒体和伦理的演讲，并且是每月一次的哲学讨论系列“光明思维”的共同创始人和主持人。他是英国皇家艺术学会会员。

蒂莫西·奥尔兹

南澳大利亚大学健康科学教授。悉尼大学法语研究博士、运动科学博士。他感兴趣的研究方向是通过数学建模研究自行车性能、人体测量学以及健康、肥胖、体育锻炼和食物摄入趋势。曾担任澳大利亚国家营养和体育活动调查项目的总监。

安东尼娅·凯斯

《新哲人》编辑总监、《女人》编辑，哲学讨论系列“光明思维”的共同创始人。她荣获2013年“澳大拉西亚哲学协会媒体专业奖”，2016年和2017年入选国际书架奖“年度编辑”，2016年被选为布里斯班作家节的“常驻哲学家”。

蒂芬妮·詹金斯

作家、学者和播客，拥有艺术史学士学位和社会学博士学位，她是爱丁堡大学的荣誉研究员，也曾是伦敦政治经济学院的访问学者。著作包括《留下大理石》和《争夺博物馆藏里的人类遗产》。同时，她也为《观察家报》《金融时报》《苏格兰人报》《旁观者报》撰文。

汤姆·查特菲尔德

英国作家、广播员和科技哲学家。他有6本著作，包括《网络词源学》《活着这本书！》《如何在数字时代蓬勃发展》等。他巡游全球，在技术、艺术和媒体领域发表演讲。曾是英国广播公司（BBC）全球技术站点“BBC未来”的启动专栏作家。现在是牛津互联网研究院的客座研究员、伦敦大学学院全球治理研究院的高级专家。

安德烈·陶

《新哲人》副主编、作家，既创作虚构文学，也撰写纪实文学。曾任英国《此时此刻》杂志的主编。入围2011年澳大利亚人权委员会“青年勋章”的最终轮评选。作品发表在澳大利亚《月刊》杂志、“特别广播服务·真实故事”广播系列、*Meanjin*文学杂志和半岛电视台英语频道上。他与人合作创立了“电线之后”项目。这是一个口述历史项目，记录人们在澳大利亚的移民拘留经历。

马修·彼尔德

道德哲学家，曾经的研究方向为应用道德与军事道德。澳大利亚圣母大学的副讲师、伦理学中心的研究员，负责研究技术的道德原则。2016年获得“澳大拉西亚哲学协会奖”。他还是美国广播公司播客《短而卷》节目的主持人。这是一档屡获殊荣的儿童播客节目，旨在使广大家庭以一种有趣且简单的方式参与道德建设。

赫尼斯·卡雷拉斯

《新哲人》杂志封面设计师，也是“哲学图像：简单形状的大思想”项目的创立者。卡雷拉斯的作品获得了世界各大奖项的认可，包括插画家协会的世界插图奖、劳斯奖和斯特科斯·泰勒·本森奖。他的作品被收录在《MIN：图形设计的新简化》《玩转字体》《几何学的快乐》《几何图形学》等书籍中。

卡洛斯·伊根和艾达·诺瓦

《新哲人》和《女人》杂志的艺术总监，“诗人”茶店的艺术总监。他们为出版行业所做的工作得到了广泛的认可，其服务对象包括美国历史最悠久、规模最庞大的设计组织——美国平面设计协会，除此之外还有《计算机艺术》《桌面杂志》《创意期刊》等。

乌有乡消息

鲍琳·舍弗，2015年欧洲艺术体操锦标赛平衡木比赛

平衡自己

最高利益的恒定性来自权利的平等，如果你想侵害邻居的权利，自己的权利就一定会受到威胁。

卡尔·舒茨

美国著名政治家，曾支持废奴运动

如今，不召唤出“身份政治”的幽灵，已经很难深入地讨论政治和社会问题了。这个词语往往意味着两种观点的分歧，而这两种观点对“人类是什么”这个问题有着对立的看法。我们是能为自己的选择负责的自主个体，还是被社会历史的诸多标签角色塑造、限制的存在？

“身份政治”这个词也许是新鲜出炉的，但是同样的问题从古至今都在困扰着我们。这也是20世纪法国哲学的聚焦点。让-保罗·萨特和西蒙娜·德·波伏娃一派的存在主义者坚持认为，我们每个人都是彻底自由的，因此要为自己的行为负全责。当然，我们的背景不容忽视，但绝对不能决定我们是谁。萨特等人下一代的法国思想家认为存在主义者的观点非常幼稚。他们宣称，我们的思想、话语和行为都由我们无法理解的语言、经济和政治力量主导着。

这个问题并不抽象。我们每天的生活都在这两种看待自己和他人的方式中摇摆不定。我们常常前后矛盾，选择对自己最为有利的那种看法。“我是个坚定的个人主义者，只按照我自己的准则行动，而你是个按照社会的期待规规矩矩做事的懦夫。”“你如果真的想，可以做出不同的选择，而我却是环境的受害者。”

“身份政治”造成的分歧反映了一种需求：我们需要将这种藏在我们本质中的对立转换成另一种富有效率的平衡。我们既对自己的选择负责，同时也被语言、阶级和文化的网络塑造着，为其所缚，又与其相融。我们不仅仅是自己扮演的社会角色。但无论喜欢与否，这些角色都是我们的一部分。在这条矛盾的钢丝上，我们每个人都已经走了很远。有人说，走钢丝的诀窍在于保持绝对的集中——这件事做起来比听起来还要难上许多。

世界上最富有的26个富翁

2018年，世界上最富有的26个人所拥有的财富与世界上最贫穷的38亿人所拥有的财富已经持平。在这26人中居于榜首的是杰夫·贝佐斯，亚马逊公司的创始人及首席执行官——他的资产净值超过了1 120亿美元。据乐施会报道，这笔财富是埃塞俄比亚国家年度卫生健康预算的100倍。那么，世界上最富有的26个人会如何支配他们的财富呢？

当然是创立一家太空旅游公司。如果你要问为什么，贝佐斯会告诉你他想不出其他更烧钱的办法了，只有太空旅游“足够费钱到花掉这些钱”。

与此相比，世界上第二富有的比尔·盖茨花钱的方式似乎非常不同。比尔和梅琳达·盖茨基金会每年的捐赠额达到47亿美元，几乎与荷兰这样的国家的年度援助预算不相上下。尽管具体的花钱方式可能不同，世界上首批“千亿富翁”都有着相同的问题。盖茨和贝佐斯一样，很难找到值得花掉那么多钱的项目。盖茨的捐赠的确十分慷慨，但是与他的财富总量相比，仍然是九牛一毛。而贝佐斯的太空旅游计划每年“仅仅”能花费10亿美元，他在有生之年仍然无法花完所有的钱。

这就是问题的关键。正如社会学家格奥尔格·齐美尔所说，20世纪早期，是“镀金时代”最后的阶段，也是无穷无尽的财富和难以忍受的不公最后的辉煌时期，财富的力量不仅在于它能买什么东西上，更在于它能用在什么事情上。正是后者的潜在可能性，让众多政客与媒体对亿万富翁如此追捧。也是出于同样的原因，亿万富翁们尽管时而野心勃勃，时而奢侈浪费，时而慷慨解囊，最终仍然都会选择积累，而非挥霍，以确保自己的财富保持最大的潜能。

不要因为忙于赚钱，而忘了如何生活。

——

多莉·巴顿

美国歌手、作家、慈善家，以乡村音乐的创作和演唱而闻名

失去平衡的世界

有一幅出名的涂鸦作品，上面写道："世界没有我们会更好。"这句话引起了很多共鸣。在短短的几个世纪内，人类就已罪行累累，让地球的生物圈陷入混乱，而这在可见的未来只会越来越糟。我们不仅引发了地球历史上第六次物种大灭绝，甚至可能因为扰乱了我们赖以生存的生态系统而导致自我灭亡。

这位涂鸦艺术家所构想的"更好"的世界，大概来自人类工业出现之前。那时，森林自由生长，渡渡鸟幸福生活，二氧化碳的浓度尚在280ppm★，远远胜过一个蜜蜂灭绝、海平面上升、陆地不再适合人类居住的世界。

如果我们的行为让世界成为被洪水吞没的温室，我们的星球最终还是会找到新的平衡，正如前五次物种大灭绝之后那样。新的物种将会诞生，在更加炎热的世界里繁衍兴旺。或早或晚，它们又会灭绝，再次被其他物种取代。这样的循环往复真的"更好"吗？我们判断这个世界到底是"更好"还是"更坏"的唯一标准，就是看它是否适合我们。如果我们从这个世界消失，又如何能做出判断呢？哲学家、环境学家克莱夫·汉密尔顿所言极是："如果人类从地球消失，地球的生命也不再有意义；因为正是人类赋予了地球意义。"

假若事实如此，放弃我们的责任，让地球自己寻找平衡就并非明智之举。我们应该敢于承担，寻找万物和谐共存、共同繁衍的方式。不是为了自然，而是为了我们自己。

★ 该浓度指大气中温室气体分子数目与干燥空气总分子数目之比。大气中二氧化碳浓度为280ppm，即指在每100万个干燥空气分子中，有280个二氧化碳分子。

摄影：李孝

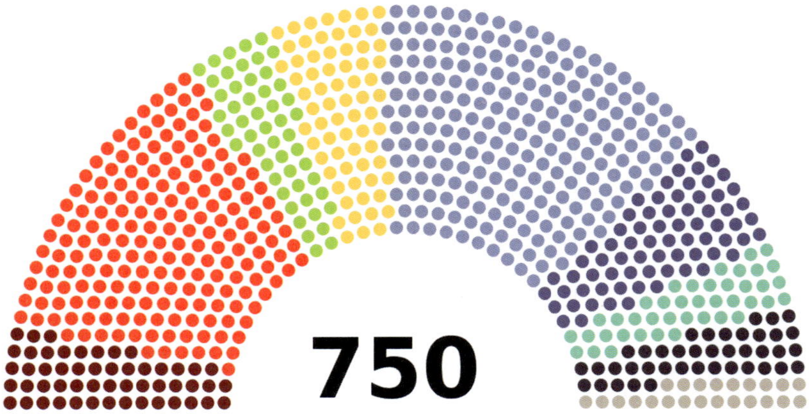

2017年英国议会构成

理智的中庸

我们往往认为，一个问题的正确答案应该在两种极端之间。比如，我们常常听人们说要“听取双方意见”，这其中暗含着他们的潜在假设：真相应位于双方观点之间的某个平衡点，通过观点的交锋就能浮现。但是这种假设只在观点的频谱校准正确的时候才成立。如果一方相信气候变化是人为导致的，另一方则持气候变化否定论的观点（即拒绝承认有关环境变化的真相），这种假设就毫无意义了。

同样的道理也适用于大部分英语国家通用的两党政治制度。通过两党制度鼓励“中庸”的政策制定曾被公认为明智之举。这是因为，落在政治罗盘“左”端和“右”端之间的大部分选票是政治家都想尽力争取的目标。然而，近期在西方民主政体里出现的民粹主义浪潮并未绕过这些两党制的国家。如果我们对“中庸”路线的偏好是正确的，这样的情形也在意料之中。面对不断下降的党员数量和占据选票的少数政党，左派和右派政党已经筋疲力尽。它们不再能维持平衡、保持中庸，而是逐渐转向了两端。

即使没有民粹主义，两党制也会饱受批评：有人认两党制并不能真实地反映选民多样化的观点。批评者还认为，两个政党的确容易走上“中庸”路线，因为“左”和“右”的界限变得越来越模糊，至少不再影响重要的公共政策。问题的关键在于，“中庸”并不代表“理智”——它可能仅仅反映了精英阶层的一致意见。

在社会的所有部分，对每个具有相似动机和禀赋的人来说，都应当有大致平等的教育和成就前景。

——

约翰·罗尔斯

美国政治哲学家、伦理学家，曾任哈佛大学哲学教授

宇宙阴阳

天文学家认为，宇宙的扩张同时受到万有引力和一种神秘的暗能量的约束：万有引力的作用使宇宙的扩张变慢，而暗能量则驱使着物质和空间分离。事实上，研究表明，暗能量正推动着宇宙以越来越快的速度分离，导致我们所处的宇宙的扩张不停地加速。

在本页的插图中，艺术家用上方紫色的网格代表暗能量，下方的绿色网格代表万有引力。万有引力来源于宇宙中的一切物质，但是它的作用仅仅局限于本地，并随着距离的大幅加大而迅速降低。

美国国家航空航天局的星系演化探测器和位于澳大利亚赛丁泉天文台顶的英澳望远镜的最新观测成果证实：暗能量是一种平滑、均匀的作用力，在现阶段的作用效果远超万有引力。天文学家仔细地测量了成对的星系（见插图中的示例）分离的过程，得到的观察结果是迄今为止对暗能量本质的最佳佐证。

来源：美国国家航空航天局

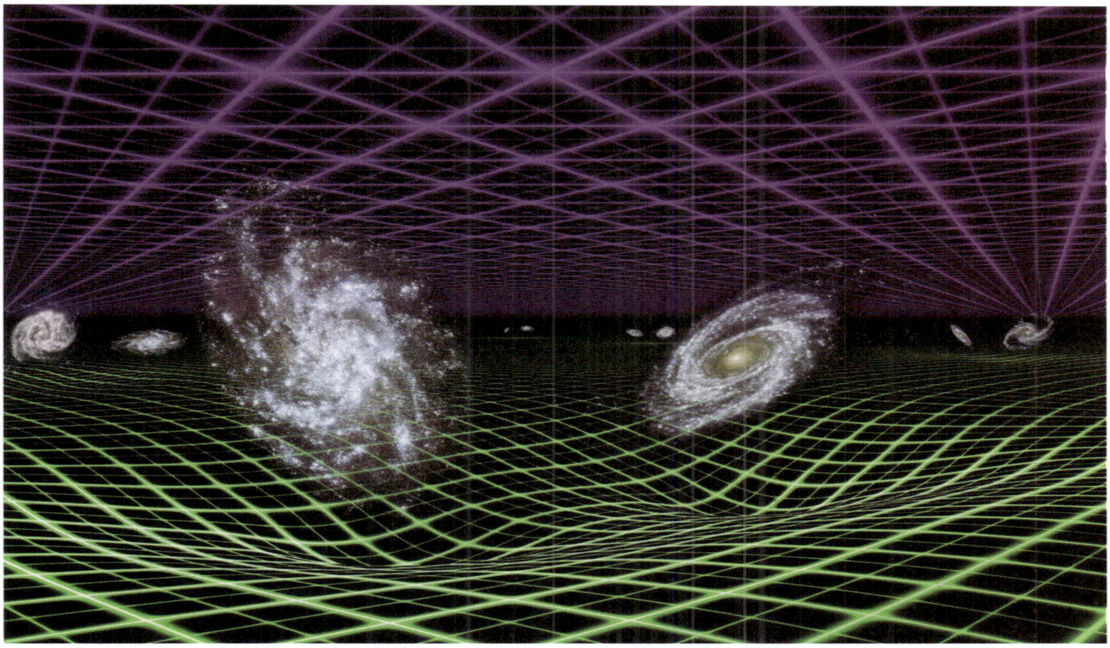

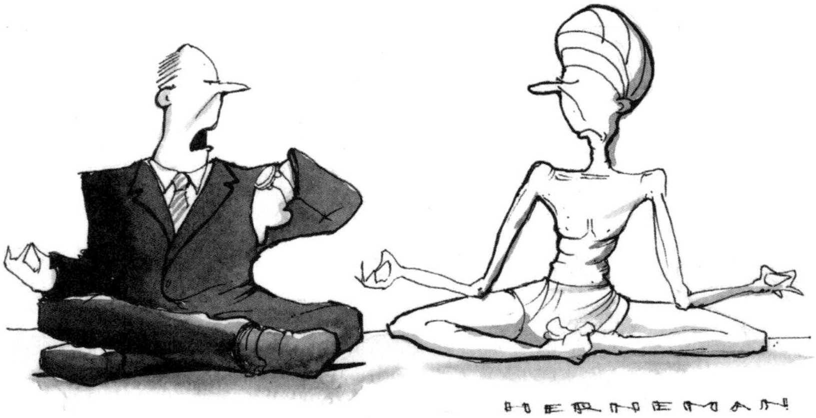

听着，我很忙。

你能直接告诉我内心的平静

还有多久才来吗？

没有人的面部线条能左右相同，没有树叶的经络能完美无瑕，没有枝条的分叉能完全对称。人们都能接受不规则的事物，因为不规则意味着有变化；想要消除缺陷，必定会摧毁多样的表达，抑制创新的努力，扼杀生命的活力。

——

约翰·罗斯金

英国维多利亚时代的艺术评论家，英国艺术与工艺美术运动的发起人

世界上充满阴影……
但有此对比，
光明才更加耀眼。

——

查尔斯·狄更斯

插图：赫尼斯·卡雷拉斯

失去平衡

玛丽娜·本杰明

我们身处一个疯狂旋转的世界。我们本能地会渴望创造静止的时刻。我们希望有阴气来平衡阳气，用积极来对抗消极，借动力来应对压力。我们相信，在没有紧张和对立的平衡点，我们将不再与自己交战，随后便能找到内心的宁静。然而，我们也许能找到这种平衡，但它永远只是暂时的，难以被我们牢牢抓住。它甚至是虚幻的，因为万事万物都处于不断的变化之中。生命之河奔流向前，环境在改变，人们自身也在不断变化。除此之外，还有那些人们自己原本就想改变的事物。

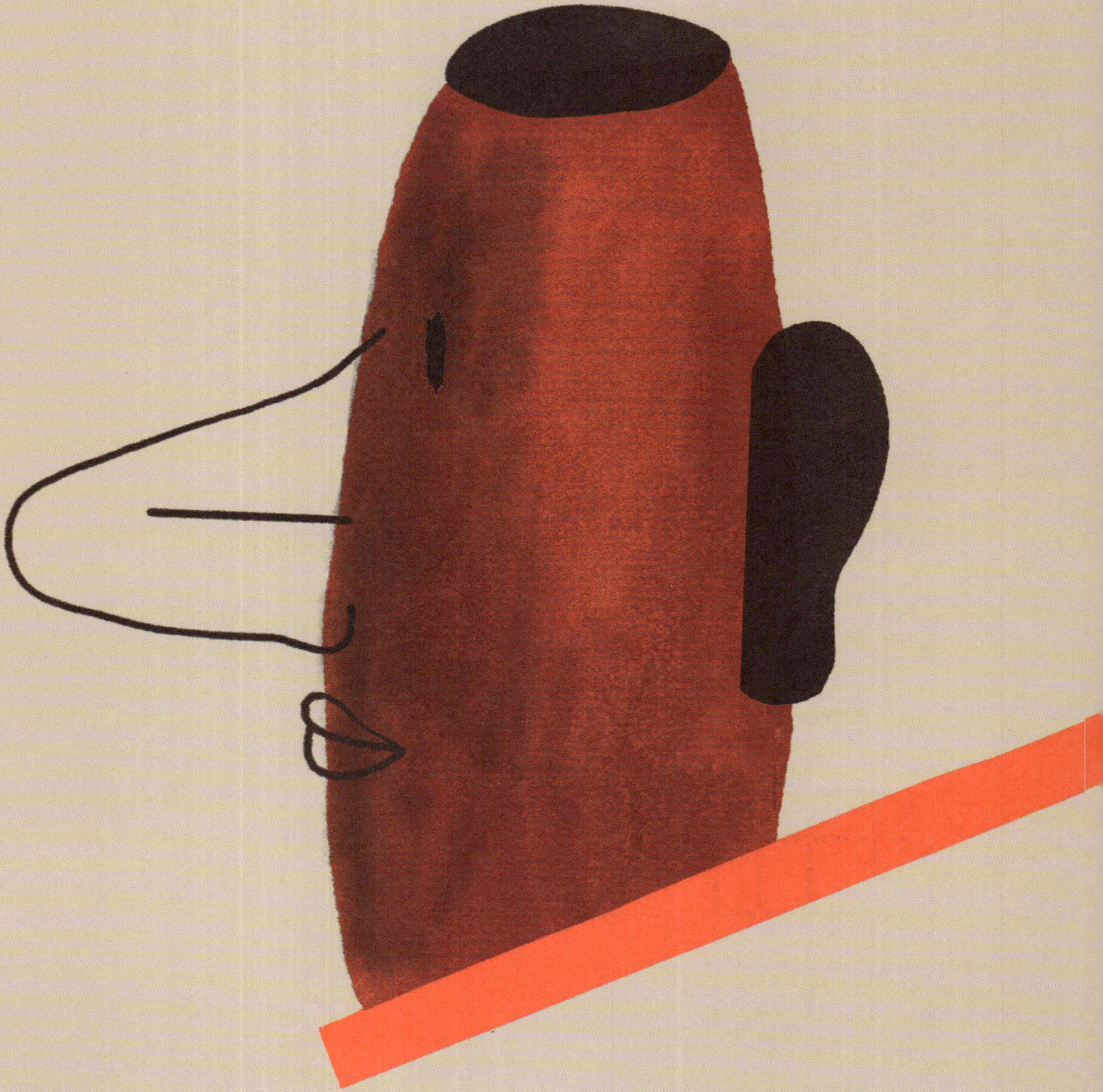

奇怪的是，我们往往会毫不犹豫地赞美那些自称达到了完美平衡的天之骄子。他们在各种生活类杂志的封面上容光焕发地盯着我们，为精确地校准了生活的方方面面而沾沾自喜。他们的工作、家庭、性生活，甚至是精神世界，都达到了完美的和谐。如果去查看这些天之骄子的特色空间，我们会发现，从他们的孩子到他们的银行账户，都经过了精心打造，光鲜照人。他们仿佛日日夜夜都飘浮在幸福的云端，对遇到的每个人都露出和善的微笑。他们从来不会感受到烦忧和压力，从来不会在午夜时分被焦虑困扰，也从来不会被痛苦、失望、沮丧和愤怒击垮。

与此相对，我们却不知怎么就走到了这一步：任何不平衡的事物都被视作道德上的失败。我们不能表现出过度的渴望，提出过分的需求，也不能堂而皇之地喜爱取之不尽、用之不竭的生活。例如，酗酒吸毒、暴饮暴食和沉湎爱欲的人，都会面临来自几乎整个社会的谴责。我们手中握着文化压力的度尺，随时随地准备衡量这些人的言行举止，让他们为不够节制的行为道歉。他们经常拖着沉重的脚步，悲伤地说："我有成瘾性人格。"

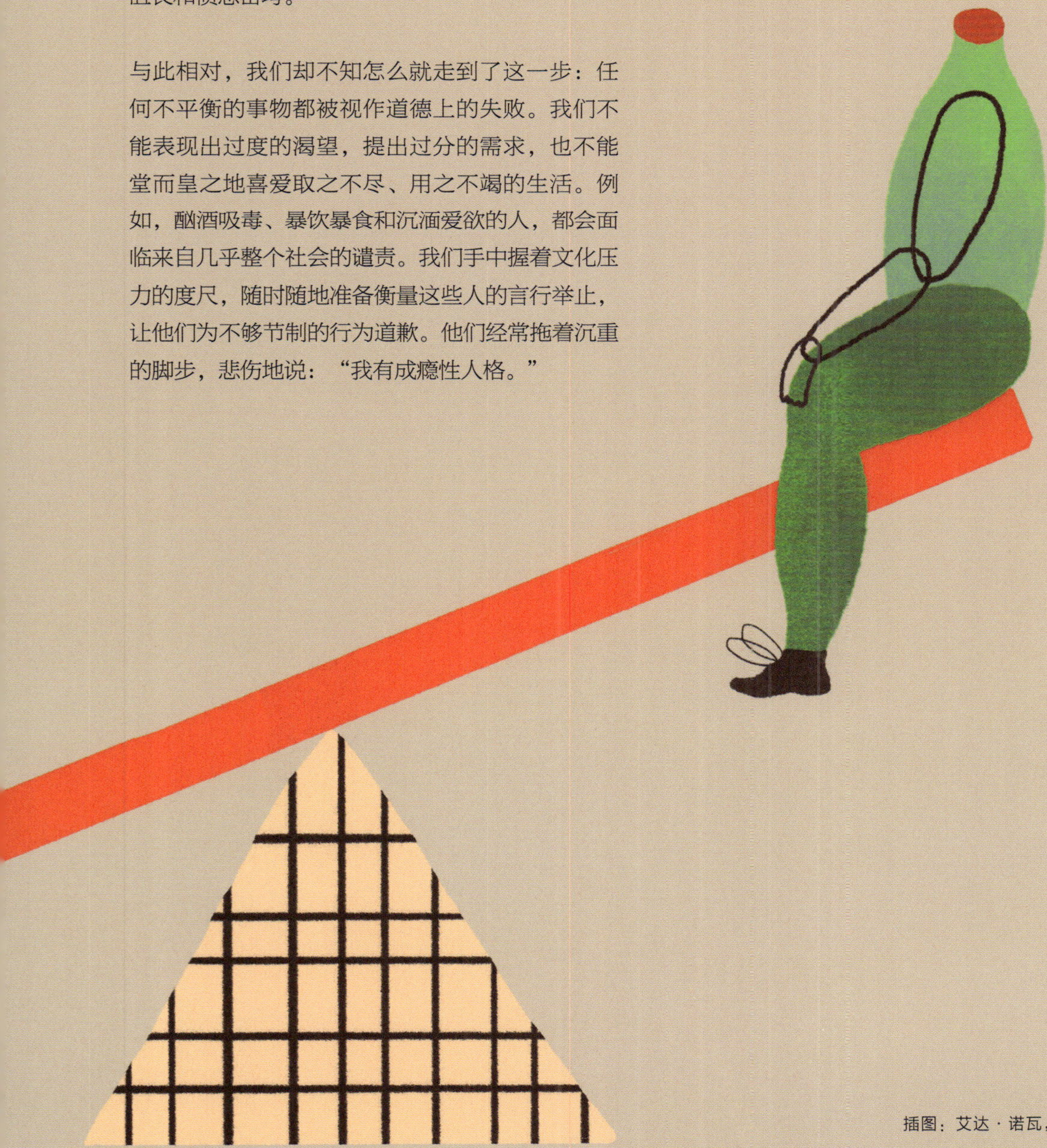

插图：艾达·诺瓦，卡浛斯·伊根

他们无法过上平衡的生活，无法控制和平衡自己的渴望，想要的太多，又太频繁。因此，他们理所当然地应该感到羞愧。我们不能责怪他们推卸责任，将难以控制的渴望归咎于天生的性情——他们似乎觉得上瘾仅仅是因为头脑里缺了根筋，有的人甚至对“12步戒除上瘾”的理论深信不疑，坚信自己得了某种疾病。

从个人角度而言，我很乐意承认自己上瘾。令我上瘾的事物每周都会变化，有时候是工作，有时候是食物；有时候，我只是渴望拥有更丰富的生活经历。不过，这些追求的共同目标都是超越餍足感，不再被“最好适度享受感官体验”的观念束缚，张开双臂，拥抱在极端中生活可能带来的结果。毕竟，谁不渴望日常生活中时不时有一点过度的点缀？诚然，这种追求会让人感到不知所措；但是放弃平衡、摒弃各种吹毛求疵的自我审查标准，也会让人产生一种飞速脱离正轨、充满鲁莽冒险的能量。这种感觉可能就像毫无保护措施地加速冲下陡峭的斜坡，但不可否认，这种刺激仍然令人兴奋。在这个过程中，我们可能会更深刻地了解自己。

我的问题在于，看到那些因为不平衡的生活而出名的人，我自然而然就会将他们理想化。比如，艾米莉·狄金森对艺术热情坚定的投入，以及西尔维娅·普拉斯对泰德·休斯全心全意的爱恋——她爱到疯狂，狠狠地在他的脸颊上咬了一口。还有文森特·凡·高，他为了将转瞬即逝的光与色的印象记录在画布上，痴迷于各种各样的尝试。看着凡·高疯狂的笔触，我看到的是一种肆意而野性的不满。还有更多数不尽的艺术家和思想家，都为他们心中的狂热完全地奉献了自我。推动他们前进的动力与对平衡的追求完全背道而驰。而我认为，这种不平衡正是他们创造力的来源。正如阿奈斯·宁◆所说：“有些事物总是因为过度的经历而诞生，伟大的艺术诞生于过于深刻的恐怖、过于强烈的孤独、过于紧迫的束缚和过于持续的动荡中。”

我们大多数人并非天生就要为艺术受苦。即便如此，我们必须也必然认同，过于平衡的个人生活的确有点乏味。我一直把规律的生活当作敌人。然而，若想在完美的平衡中生活，无异于要和原本的敌人成为最好的朋友。掌控自己对事物的激情就等于否认这些激情的存在。如此一来，我们也回避了外部世界可能带给我们的意外震撼，进而变得死气沉沉。

◆ 古巴裔美国作家。

过于平衡的生活也可能带来其他结果，比如开始通过别人来生活。稳定（即平衡）的家庭经常会养育出一直无所事事的青少年，这绝非偶然。无论在什么样的情况下，青少年都很容易受到荷尔蒙的影响，感觉强烈而敏锐；他们白天的节奏跟不上工作的步伐；他们时而愤怒，时而大哭，在狂热的情绪里放纵自己。青少年本质上就是肆意张扬，与稳重绝缘的。我们心里清楚，他们会在这样的青春里成长，最终变得成熟、冷静。但我猜，我们成人的外表下还藏着一颗怀旧的心，暗暗嫉妒着青少年的恣意享乐，羡慕他们还能被偏激的情绪冲昏头脑；而我们最为怀念的则是他们尝试新鲜事物——无论是新的外形，还是新的爱情——时所得到的快乐。

在我十几岁的时候，我妈妈的口头禅是“尽量多尝试，但不要过度”。我却对她的建议充耳不闻。青少年既是集体的，又是独立的。然而，两种特质的存在并不需要平衡。相反，他们想要的是强烈地表达出来的倾向。你可以是哥特的、朋克的、摩登的，但无论你是什么，只要找到你的集体，就必须通过排斥其他一切的方式来显示你的忠诚。在选定的集体里，青少年又会因为自己的特异性而受到重视。相比之下，流水线般的平衡生活就显得太过无聊了一点。

当然，不平衡的生活也会带来危险（这也正是它如此令人兴奋的原因）。放任自己沉迷于激情和瘾欲，可能会精疲力竭，甚至自我毁灭。极端的行为不可避免地暗藏风险，最终让人付出代价。实际上，这样的代价通常不只影响那些在混乱的边缘反复试探的人，更会牵连他们周围的人。这是因为，某个人毫无节制的自由必然会牺牲其他人的自由。也许，问题是如何平衡一个人不平衡的程度。那么，我们是否有办法成功地远离平衡的中心呢?

话说回来，既然地球上的生活飞速而过，一片狼藉，又变幻莫测、难以控制，我们也许应该欣然接受这种混乱。追求平衡就像是在追求一个不可能达到的标准：幸福、完美、满足，而我们注定会失败。所以，放下吧。踏入混乱之中，屈于疯狂之事。光明在望，最终一切都会好起来的。至少，你会喜欢这趟旅程。N

我一直把规律的生活当作敌人。然而，若想在完美的平衡中生活，无异于要和原本的敌人成为最好的朋友。

我不该说“是圆的”。

我的错。

陪审团选任

作者/插画家：科里·莫勒，《存在主义连环漫画》

苏格拉底，请问阁下能公正地判决吗？
看起来，您对“正义”颇有了解。也许您能帮我解答这个问题：在您看来，什么是“正义”的真正本质呢？
您是说，您连“正义”是什么都不知道吗？
我向您保证，我对此事一无所知。
天哪。
好吧，那么您呢，泰勒斯？您知道什么是正义吗？
是水。
什……什么？您刚才说“是水”吗？
一切皆是水！
这个理论……很……有趣。
理论也是水。理论上的水。
为什么每次进行陪审团选任的时候，我们都能找到这个星球上最愚蠢的那群人？
我只是想要12个普通人，最终选出来的一群人要么是疯子，要么是傻子，连法律最基本的概念都不了解。
不过……这样似乎正好。

插图：叶伊·戈麦斯

自我的阴影

奥利弗·波克曼

如果你曾经尝试通过自我提升指南中的步骤来改变生活，就一定非常熟悉这种经历：你把身边的一切都安排好了，准备践行新习惯——把运动鞋放在门口，准备早上跑步；把胡萝卜条放在手边，在忍不住想抽烟的时候拿起来嚼一嚼——然而，只要一个瞬间，习惯还没有养成就崩塌了。一种莫名其妙的心情不请自来。

并不是说你就真的没法继续坚持你的计划了，只是内心深处的某个部分在蠢蠢欲动，想要破坏这些计划。一部分的你想坚持健身或戒烟。然而，在制定最初的目标时，你并没有意识到还有另一部分的你——这一部分想坚持自己的独立，放纵自己的渴望，看着你的美好愿望支离破碎。在这场较量中，通常是后者获胜。

瑞士精神科医生卡尔·荣格对这样的经历早已熟稔。他告诉我们，我们之前从未意识到这种黑暗的冲动，是因为它源于我们的“无意识”。而“无意识”的定义就意味着没有人能意识到这个内在世界的存在。具体来说，这种冲动源于我们性格特质里隐藏的部分，也是“有意识”的自我想要否决的部分，因为它与我们理想的自我形象有冲突。荣格将这一部分性格特质称为“阴影”。为了让“阴影”远离自己，我们将它推出了意识。荣格写道：“阴影是主体拒绝承认的、关于自己的一切的人格化体现。”从幼年时期开始，我们一旦发现任何关于自己的事情难以让人接受，就会将它打发到“阴影”世界里去。这其中就包括性欲、侵略性等各种各样的特质。为了社会能够正常运行，我们必须压制它们。

荣格的观点，以及在他之前最著名的心理学家西格蒙德·弗洛伊德的观点，在要求“循证”的现代心理学面前，都没有太强的说服力（鉴于这两个人都坚持认为他们的观点应该具有科学地位，这种“不科学”的结果在某种程度上其实是他们自己造成的；也许他们应该换种方式，把自己的理论与其他通往真理的道路——比如哲学、文学等放在一起）。这种“无意识”的概念让当代的认知心理学家感到忧心忡忡——如果你意识不到一件事情，要量化它显然就更难了。行为科学家尼克·查特最近出版的《思想是平的》甚至否认了“无意识”的存在。不过，无论是否有科学支持，“阴影”的概念仍然是思考人类行为极其有用的工具之一。“阴影”让我们明白，当我们无法在我们“乐于接受的自我”和“急于否决的自我”之间找到平衡时，生活就会分崩离析。

如果我们尝试压制“阴影”部分时取得成功，情况就完全不同了。我们也许永远不会了解自己更加黑暗的一面，但至少生活可能会相当顺利。然而，荣格认为，努力否认“阴影”存在的尝试很少能够一直有效。我们越是拒绝承认，越是想当它不存在一样试图正常生活，“它就会变得越黑暗、越密集”，也会变得越来越强大。直到有一天，它会突然爆发，让我们的外在行为表现出破坏性。荣格有一个非常有名的观点：“我们拒绝放入意识的东西仍然会留在生活里，成为我们的命运。”

举个例子，假如你觉得自己仅仅通过自我说服就能戒酒，并且用有意识的那部分自我大声宣布：“从现在开始，再也不喝酒了”，与此同时，你却不去探究为什么酒精能给你带来慰藉，不去了解自己情绪上的伤口。那么，当酒瘾卷土重来的时候，你千万不要感到惊讶。

另一个道理相同的例子是大家已经耳熟能详的那个美国教会牧师的故事。他自称仇视同性恋，有一天，他自己却因为同性恋的性丑闻缠身而走到了事业的尽头。他对同性恋的恐惧其实正是他否认真实的自己的奋力尝试。他所受的教育，让他将自己的性取向看作耻辱。这位牧师仇视同性恋的公开声明成功地伤害了别人，却没有实现他真正的目标——它并不能果断地清除、抑制他的性取向。相反，这部分的自己只会变得更加强烈，直到爆发的那一天，给他的生命带来剧烈的冲击。

“阴影”会留下一些痕迹，使自己为人所知：情绪、幻想、冲动，以及最重要的梦想。

更加令人不安的问题是，这种“阴影”会不会同样影响到社会层面？这是否在某种程度上代表了长期以来被否认的某种真实文化的复兴？

有人批评自由人本主义，认为它追寻没有暴力和不公的世界的方式，只是简单地决定了世界必须如此。这就好像决定“从今天开始戒酒”一样不切实际。也许人性的某些阴暗面很难通过法律和规则消除。也许我们内心深处一直流淌着某种对世界的愤怒和对优越的渴望。在这样的情况下，这些力量会以令人恐慌的极端形式爆发出来，也就不足为奇了。

荣格认为，并没有能够简简单单克服“阴影”的方法。况且，试图“克服”不喜欢的性格特点，其实也是一种对其力量自欺欺人的否认。我们唯一能做的事情就是想办法让“阴影”进入我们的意识，并且承认它的存在，而这或许会让我们迟疑不决，难达完美。荣格写道：“没有人能通过想象光的样子而得到照耀，但意识到黑暗的存在却能让人理解光明。”“阴影”会留下一些痕迹，使自己为人所知：情绪、幻想、冲动，以及最重要的梦想。对这样的迹象敞开怀抱，去思考它们的意义，而不是简单地寻求改变它们、忽视它们，就能踏上趋向成熟的旅程。这个过程被荣格称作“个性化”。一旦开始，我们就会发现，原来自己愿意考虑自我意识，甚至愿意考虑社会集体意识的更多可能性。

神经科学家似乎不太可能找到“阴影”存在的证据。然而，由于它所表现的谦逊态度，“阴影”仍然很有价值。成功学家、认知心理学家和政治评论家都倾向于认为人类心理是透明可见的，至少对我们自己而言如此。我们很容易理解自己的性格和动机，因此，想要改变自己和社会，就像工厂的工人拉动机器上的杠杆一样容易。但荣格却提醒我们，不要过分肯定、草率假设——如果我们在阴暗处点上一盏灯，不一定会喜欢我们发现的东西。

荣格学派的心理治疗师詹姆斯·霍利斯曾将“自我”描述为“意识纤弱的薄片，漂浮在被称为灵魂的彩虹海洋之上”。想要测量“自我”的海洋，只会使人感到恐惧。这是因为，如果潜藏在那里的东西并不令人害怕，我们就不会一开始把它们推向深处。尽管如此，沿用关于海洋的比喻，我们仍然可以感到舒适和亲切。面对我们不了解的那个深藏不露、令人胆怯的自己，所有人都在同一条船上。N

在财富分配方面，瑞士信贷集团2018年发布的报告称，全球后50%的人口所拥有的财富不足世界总资产的1%，而前1%的人口却拥有全球47%的资产。

在全球范围内，男性人数略多于女性人数（分别占比50.5%、49.5%，即102：100）。然而，出生时的“自然”性别比例约为105：100。

包括美国博物学家、生物学家爱德华·威尔逊在内的一些科学家估计，根据可用的水资源与粮食资源，可持续发展的世界人口范围在90亿～100亿。

最早的“阴”和“阳”两个汉字可以追溯到公元前14世纪，以甲骨铭文的形式保存了下来。

在亚太经济合作组织（APEC）的“工作与生活的平衡”调查中，排名前5的国家分别是荷兰、丹麦、法国、西班牙和比利时。排名后5的国家是土耳其、墨西哥、以色列、韩国和日本。澳大利亚在37个国家中排名倒数第9，美国排名倒数第10。

我们把对平衡的把握称为“平衡感”，通常而言，这是一种基于视觉、前庭平衡（内耳）和本体感觉（对自己的身体在空间中的位置的感觉）等多种感觉的结合。

世界经济论坛的《全球性别差距指数报告》显示，两性工资差异在2018年减少了0.03%，该指数于2006年开始统计以来已经下降了3.6%。按此速度，女性将在202年之内实现和男性在工资上的平等。

1974年8月7日上午，时年24岁的法国高空绳索艺术家、表演家菲利普·珀蒂在纽约世界贸易中心的双子塔之间架起一根钢丝，在离地面400米的地方进行了45分钟的走钢丝表演。

在法国、意大利、南非和英国，国家议会中1/3以上的席位由女性担任。在中国，这一比例为25%；而在美国、巴基斯坦和孟加拉国，这一数字为20%；在印度，这一比例刚刚超过10%。

将书顶在头上保持平衡并步行1英里（约1.6千米）的最短时间是8分27秒，该纪录由美国人阿什利塔·福曼于2009年7月29日在纽约皇后区牙买加高中的赛道上创下。

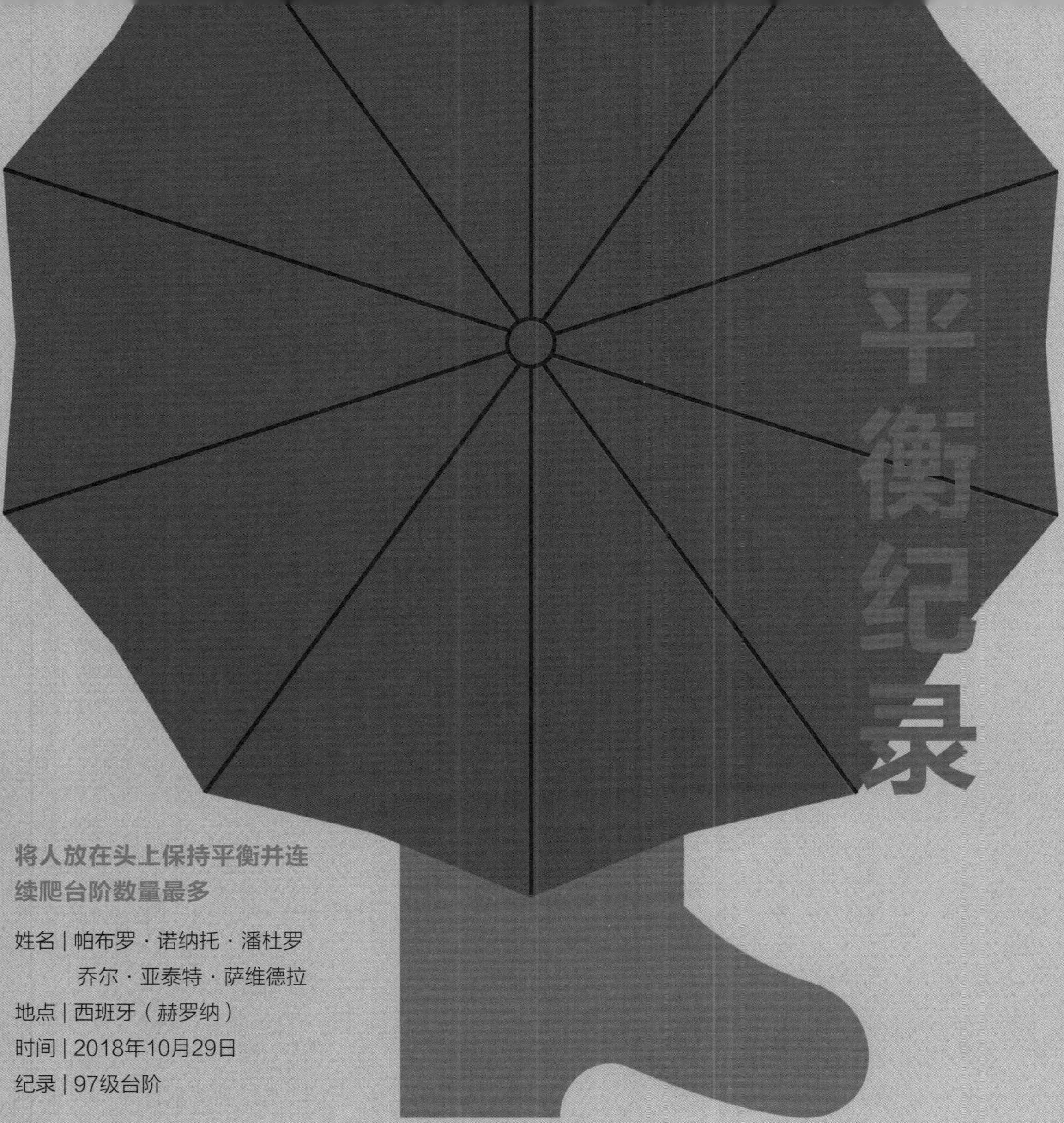

平衡纪录

将人放在头上保持平衡并连续爬台阶数量最多

姓名 | 帕布罗 · 诺纳托 · 潘杜罗
乔尔 · 亚泰特 · 萨维德拉

地点 | 西班牙（赫罗纳）

时间 | 2018年10月29日

纪录 | 97级台阶

将足球放在头上保持平衡并骑自行车距离最远

姓名 | 阿卜杜勒 · 哈利姆

地点 | 孟加拉国（达卡）

时间 | 2017年7月8日

纪录 | 13.74千米

将勺子放在脸上保持平衡数量最多

姓名 | 达利博 · 贾布拉诺维奇

地点 | 塞尔维亚

时间 | 2013年9月28日

纪录 | 31把勺子

将杯子放在额头上保持平衡数量最多

姓名 | 克诺克 · 卡马卡尔

地点 | 孟加拉国（诺克哈里）

时间 | 2018年11月22日

纪录 | 600个杯子

来源：吉尼斯世界纪录

插图：艾达 · 诺瓦，卡洛斯 · 伊根

单人平衡鸡蛋数量最多

姓名 | 阿什利塔 · 福曼

地点 | 美国（纽约）

时间 | 2010年7月12日

纪录 | 888个鸡蛋

骑独轮自行车跳跃高度最高

姓名 | 查兹 · 马奎特

地点 | 美国（威尼斯海滩）

时间 | 2003年8月17日

纪录 | 2.79米

将罐头放在头上保持平衡并步行100米时间最短（此纪录由一只狗保持）

狗名｜甜豌豆
地点｜美国（伊利诺伊）
时间｜2008年9月3日
纪录｜2分55秒

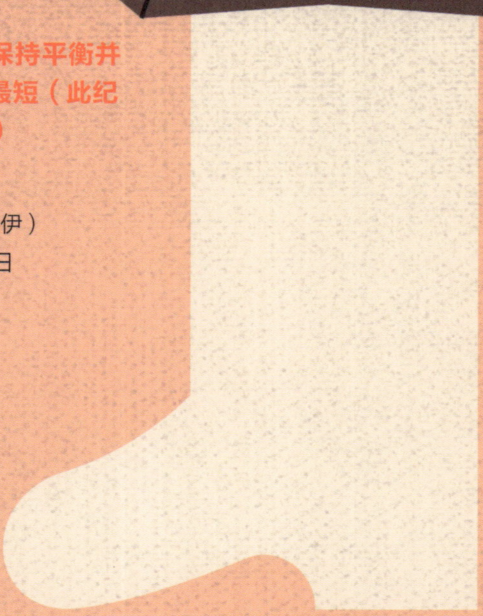

脱把骑自行车距离最远

姓名｜V.T.维格内斯·库马尔
地点｜印度（马杜赖）
时间｜2017年2月9日
纪录｜122千米

将足球放在头上保持平衡并踩水步行时间最长

姓名｜马杜莱霍恩·莱方特·罗德里格斯
地点｜古巴（哈瓦那）
时间｜2018年2月22日
纪录｜15分12秒

将牛奶箱放在头上保持平衡数量最多

姓名｜约翰·伊万斯
地点｜英国（伦敦）
时间｜2001年4月6日
纪录｜96个牛奶箱

脱把后轮着地骑摩托车距离最远

姓名｜AC法里亚斯
地点｜荷兰（阿姆斯特丹）
时间｜2004年10月22E
纪录｜89米

在梯子上抛接杂耍5件物品持续时间最长

姓名｜埃米尔·法尔蒂内克
地点｜突尼斯（凯鲁万）
时间｜2013年3月23日
纪录｜56.92秒

将足球放在头上保持平衡并游泳50米时间最短

姓名｜马苏德·拉纳
地点｜孟加拉国（达卡）
时间｜2018年8月2日
纪录｜44.95秒

将球杆放在下巴上保持平衡并步行10米时间最短

姓名｜大卫·拉什
地点｜美国（博伊西）
时间｜2017年2月4日
纪录｜2.51秒

同时撑开雨伞数量最多并保持平衡

姓名｜刘丽娜（音）
地点｜意大利（米兰）
时间｜2011年4月28日
纪录｜9把雨伞

在6米高的梯子上保持平衡时间最长

姓名｜乌兹耶尔·诺夫鲁佐夫
地点｜中国
时间｜2016年7月12日
纪录｜7分15秒

将CD放在一根手指上保持平衡数量最多

姓名｜西尔维奥·萨巴
地点｜意大利（米兰）
时间｜2015年7月12日
纪录｜247张CD

将啤酒桶放在头上保持平衡数量最多

姓名｜约翰·伊万斯
地点｜美国（洛杉矶）
时间｜1998年6月17日
纪录｜11个啤酒桶

用4根手指倒立保持平衡时间最长

姓名｜王巍堡
地点｜中国（北京）
时间｜2008年11月9日
纪录｜19.23秒

将足球放在头上保持平衡并步行1英里时间最短

姓名｜龙一名
地点｜马来西亚（吉隆坡）
时间｜2010年3月20日
纪录｜8分35秒

君子食无求饱，居无求安。敏于事而慎于言，就有道而正焉。

——

孔子

照片：印度尼西亚基纳里稻田　　摄影：迪翁·巴金多

虚假平衡？

帕特里克·斯托克斯

2018年3月，一位名叫迈克·休斯的男子登上了一架由蒸汽驱动的自制火箭，并在莫哈韦沙漠★把自己发射至700米高空。值得庆幸的是，他完好无损地回到了地面，自述只有一点酸痛感。

像我们大多数人一样，迈克对进入太空的想法甚为着迷。但与我们大多数人不同，他冒着生命危险都想自己飞一次，因为他相信世界是平的，还想亲自去看看。“我相信地球的形状像飞盘一样吗？是的。我确定吗？不。这就是为什么我想进入太空。”

现代地平说已经存在了两个多世纪。但是在互联网时代，似乎发生了两个有趣的变化。首先，哪怕“地平说”仍然是非主流观点，也变得更加引人注目了。但支持“地平说”仍被认为是认知反叛的终极举动，如果想要宣称自己是个自由思考的个人主义者，有什么比否认其他所有人都认同的事实更好的方式呢？

其次，“地平说支持者”一词本身已经成为某种标签，可以贴在这群人身上：他们相信一些极度荒诞的事情，以至于没有人觉得应该认真看待他们的观点。地平说支持者不仅仅是相信荒谬观念的人，更在于他们的观点实在太过出格，我们根本不需要听他们说话。

也许正是因为他们的观点太极端、不平衡，我们从来没有在关于太空旅行或国家地理的电视节目上看到有人采访地平说支持者。我想，地平说支持者会觉得这个事实非常不公平，甚至充满恶意（毫无疑问，现在就有人在写信给《新哲人》编辑部，问我们为什么要与“地圆说”的阴谋同流合污）。但是除了他们自己以外，其他人都不会对这种排挤感到难过。

然而，在许多其他话题上，如果媒体不从各种各样的声音中获取评论，我们会觉得很不踏实。我们希望我们的新闻和时事评论能够囊括所有相关的观点，而不是捍卫某一种观点。我们希望媒体

★南加利福尼亚州东南部的沙漠

保持“平衡”。即使有人爱看有特殊意识形态倾向的媒体，这一希望也同样适用，连福克斯新闻公司都深谙此道，以“公正与平衡”的口号推销自己。

平衡是新闻工作者的美德，益处显而易见。我们不仅指望媒体告诉我们现状如何，也希望它们能公正地展现未知的情况。如果所有关于事实和价值的问题都有清晰而明确的答案，那么媒体将仅仅是一个传递信息的渠道。但是，我们的世界并非如此。我们的认知有局限，我们的现实充满了道德和政治上的分歧，这些都意味着媒体要分演一个重要的角色，成为表达争议的场所。如果有分歧，我们希望能听到多方意见，以便做出决定。

这种需求与人们普遍认为发生在18世纪的重大变化有关。据说，那时我们学会了自己思考。康德宣扬的sapere aude，拉丁语意为“敢于知道”，就是鼓励大家自己找到答案，而不是直接接受国王或教会告诉我们的一切。虽然有点讽刺，但福克斯新闻的最新口号是“我们报道，你们决定”，这与康德的价值观不谋而合。

无论我们是争论的参与者还是旁观者，从本质上而言，平衡都是一种公平。这是记者在职业训练初期就会习得的一种美德。整体来说，记者希望以“客观、中立的代言人”的身份展现自己，而不是成为某个特定立场的拥护者（福克斯新闻“公正与平衡”的理念令人欣赏，但也因为名不副实而受到谴责）。

将平衡看作中立也有严重的局限性。想知道原因，你可以问问自己，为什么关于太空旅行的电视节目上，没有请“地平说支持者”来维持平衡。答案似乎显而易见，如果相信“地平说”是荒谬的（而且确实如此），那么我们就不必假装它有可能是真的。

平衡运作的背后，往往是一系列或明或暗的决定：谁的声音值得关注，谁的主张严肃有理。生命十分短暂，新闻节目更是一闪而过。这意味着我们需要选择最有效的途径。借用17世纪的诗人安德鲁·马维尔的一句话，“如果我们的世界够大，时间够多”，我们可以考虑每个观点、每个意见，哪怕它愚蠢至极、令人反感。可是，我们没有那么奢侈的条件。比如，作家大卫·伊克曾经提出过一个臭名昭著的阴谋论，认为英国王室成员是可以变形的多维爬行动物。但是显然，我们不需要在关于英国女王的每条新闻里加上“如果她是蜥蜴怎么办”这个角度的评论。

我们不仅指望媒体告诉我们现状如何，也希望它们能公正地展现未知的情况。

我们有一个大致的共识，知道哪些观点完全不值得占用新闻时间。令人惊讶的是，也许只有在这个背景下，“平衡”才会发挥作用。毕竟，我们根本不可能囊括所有声音。我们通常认为，那些充满仇恨、暗藏伤害的观点不应该出现在文明的语境里，因此很可能会无视它们。而在某些情况下，剥夺某些人发表观点的机会则是为人所不齿的。比如，当一个人受到指控的时候，我们不应该剥夺他回应的权利。不过，在这两种极端之间，留给新闻制造者和传播者的个人判断空间仍然很大。

问题是，我们讨论不休的争议焦点常常在于一开始是否应该将“争议”本身纳入考虑。有人认为世界是平的，这是否就意味着地球的形状是一个有争议的话题呢？如果我们认为仅仅是不同的意见就等于有争议，那么，只要足够细心，我们能想到的任何话题几乎都是有争议的。但是从本质上讲，关于地球的形状，根本没有真正的争议。科学期刊上并不会充斥着关于地球形状的激烈争论，大学的地理系没有划分出“地平学派”和“地圆学派”的交战阵营，地质学文献中也没有严肃的“地平说”研究项目。

到目前为止，事实都显而易见。然而，想想其他的科学“争议”，针锋相对的观点也曾占据新闻版面，比如气候变化，或是疫苗的安全性和有效性。一方是具有重量级影响力的专家的观点，另一方是毫不专业、恶意误导的伪科学言论。实质上，这种情况根本不算有“双方”。

可惜，我们眼中看到的东西与事实不同。我们只看到两张会说话的嘴提出了对立的观点。我们会认为，既然这两张嘴都受邀发言，那么一定是某个人或者某个机构认为他们的观点值得倾听。换句话说，这种形式的碰撞默默地将所有观点拉到了同一个水平，严肃地把每个观点看作“真理的候选人”。这也没有问题，我们可以拿康德的话来回应：“敢于知道！”智慧而精明的观众能马上看透站不住脚的论点和妄言，对吧？然而有迹象表明，真实情况恰好相反。观众的印象并不是“这些恶意误导的伪科学言论全是胡说八道”，而是“这个问题真的充满争议”。

这种均一化现象有一个名字：虚假平衡。由于对平衡与偏见的幼稚理解，“真实平衡”与“虚假平衡”的差异被人忽视。引入真值的概念意味着，我们不再只是简单地谈论中立性——正如我们看到的那样，任何人都无法也不该完全中立。一旦我们让没有资格出现的观点进入观众的视野，或是认真考虑毫无根据的观点，就会出现虚假平衡。

为了避免虚假平衡，媒体需要保持对言论环境的敏感度，及时区分有依据和毫不可信的声音。他们需要动词的“平衡”，而不是名词的“平衡”。保持平衡是一种行为，需要持续的努力和不断的调整。毕竟，我们还冒着从世界边缘坠落的风险。

我的报纸保持着完美的平衡：

前面是流言蜚语，后面是道听途说。

NewPhilosopher意为“新哲人”

伟大的头脑都爱思考。

插图：法比奥·保奇鲁奇

不要再做“母亲”

玛丽安娜·亚历山德里

詹妮尔·汉切特最近出版了一本回忆录《很高兴在这里》，讲述了自己作为一个无法正常工作的酗酒者和吸毒者抚养多个孩子的故事。该书描述了她如何带着难以驯服的身体适应日常生活的约束。多年来，她都无法正常生活。她的孩子多次被带走，每次都是好几年，而遍体鳞伤的汉切特只能因为自己的无能而愤怒不堪。和如今的许多母亲一样，她觉得自己冥冥之中不会在家务事里度过一生。除去三天三夜的狂饮、严重的失责和家庭暴力，她的故事对我们仍然有所启发。无论在哪里，拥有母亲身份的人都希望自己不仅仅是母亲。而我建议，我们干脆丢掉这个身份。

汉切特的生活远远没有达到平衡。她让自己陷入了一系列身份的羁绊中：学生、母亲、妻子、瘾君子，仿佛每个身份都能够彻底定义她的生命。对让-保罗·萨特而言，采用固定身份，其实是在试图逃避自由，而自由顽固地“超越”了脚踏实地、只顾眼前的自我。萨特说，自由比上帝的祝福还要重要，可我们没有意识到，自己是多么经常地回避它。比如，我们中的许多人不愿承受自由的重负，而是简单地找份工作，找个配偶投入生活中，却又在不久之后就感到不满。萨特认为，我们选择扭曲自己，以适应社会的既定角色，这比承认“这么做毫无必要”来得更容易。这就好像我们背着自己做了决定，然后又疑惑为什么还没来得及选择自己的生活，竟然就走到了这一步。有的人对自由万分警惕，以至于宁愿被人贴上“倒霉鬼”的标签，也不愿意承认自己做了一个又一个错误的选择。我们当中最绝望的人——也许还是像汉切特那样具有“存在”敏锐度的人，都会不顾一切地否认自由的存在。

插图：艾达 · 诺瓦，卡洛斯 · 伊根

比如，欺骗自己，让自己相信自己的行为是源于自由。如果汉切特是一位存在主义者，她可能会得出结论——被酒精套牢比过自由的生活更容易。一个自由的人需要为最终的结果负责任。而且，如果我们像汉切特一样，得到最害怕的结果，辜负了自己的潜力，那么，何不干脆弃局投降？至少我们可以骗自己说从来没有过机会。萨特认为，我们每天都会以这样严肃而狭隘的方式欺骗自己。

像汉切特一样，我们中的许多人都渴望着无法拒绝、无可逃避的挑战——一个成为某人、成就某事的机会。比如，成为一位母亲。但是，这种愿望源于对“母亲”这一身份存在的误解，把“母亲”看作了名词。在萨特的理解中，没有母亲，也没有倒霉鬼、服务员、会计师或哲学家。这些只是我们扮演的角色。为了摆脱我们的主观性，我们屈服于萨特所说的“恶意”。婚外恋大概是能被归于“恶意”的最简单的案例。出轨的妻子表示她不再受自己的控制，不能对自己的行为承担责任。“我控制不了”是“恶意”的座右铭，而“我很忙”则是它的帮凶。

现代人只要诚实地看看镜子里的自己，就能感受到存在危机。于是，忙碌就成了我们避开这种危机的方式。然而，我们不能永远不照镜子。正如萨特所说，幸好我们还有一部分“超越性”的存在，不能彻底对自己说谎。汉切特在书中提到，在某些时候，酒精不再起作用了。这说明她开始像存在主义者一样思考，自由超越了她。从那时起，她开始正视自己是个瘾君子的事实。在扮演了多年“可怕的倒霉鬼母亲”和“吸毒者”的角色后，汉切特终于承认了自己的自由。

与酗酒者一样，工作狂也可以行使自己的权利，拒绝母亲需要承担的平凡乏味的责任，比如给婴儿洗澡、喂婴儿吃饭等。但是，这样做是自欺欺人：她们假装自己正忙于成为某个角色，因而别无选择。要么是成为非常忙碌的母亲，要么是成为成功的职业女性。如果想战胜“恶意”，第一步就是要认识到这些人物并不存在。他们只是我们扮演的角色，哪个都不能抵消我们的“超越性”。萨特说，我们渴望降低我们想象中的无后果行为带来的附带损害。承认我们扮演多个角色，是理解萨特这句话的基础。这样做还可以让我们不再寻求某种身份的庇护，也不再将自由拒之门外。这是萨特学派对“恶意”的纠正。别再把自己当成“母亲”了。

只有拥有属于自己的情感，特别是属于自己的行为，才能拒绝“恶意”。

我不需要成为工作狂，也知道工作会让我无暇照顾自己的孩子。如果我不想照顾孩子，我就应该直接承认。我把自己当成“母亲”的时候，发明了各种不陪孩子玩的理由。但我感到十分内疚，不愿意承认这一点。毕竟，“母亲”就应该想和孩子一起玩。我常常通过做饭来为自己争取一点个人时间，但是作为一个“恶意”的“母亲”，做饭仿佛变成了为家庭做出牺牲的行为。这时，萨特的思想让我重新调整心态。他说：“我说我正在厨房里忙着做饭，我的意思不只是为了忙着给你做饭；我也是为了别人，为了我的朋友、我的伴侣，最重要的是，有时候是为了我自己。”只有萨特让我承认我累了，我渴望有时间思考，我喜欢一个人待着。只有拥有属于自己的情感，特别是属于自己的行为，才能拒绝“恶意”，拒绝“母亲”的身份也才会有所帮助。

自从我不再是“母亲”之后，也就不再为了我的孩子而生活（在美国社会的大背景下，承认这一点几乎是离经叛道）。我和他们一同起居，照顾他们。每天，他们看着我扮演母亲、女人、老师、厨师、维权者、朋友、作家、女儿、姐妹等。这些角色尽管有时会发生冲突，但并非直接的竞争关系。最近，我告诉6岁的孩子，我要和我最好的朋友去海边度个短假。他问：“你为什么要离开我？”我诚实地回答：“我不想离开你，但我确实想和我的朋友一起去海边。”多年来，我慢慢意识到，扮演老师可以让我更好地扮演母亲，扮演母亲可以让我更好地扮演女儿，而扮演朋友无疑可以让我在扮演任何角色时都做得更好。只要选择非侮辱性和非欺骗性的方法，我们应该让孩子们看到我们扮演的各种各样的角色，同时让他们知道，我们不能仅扮演其中任何一个角色。

萨特认为，生活是“存在”的戏剧。但是，在他的理论里找不到平衡。“工作与生活的平衡”这一隐喻假装工作和生活是成功“存在”的唯二因素，而我们必须始终牢牢地控制住这两个极点，才能实现完美平衡。这种错误的叙述忽视了我们的复杂性和多变性。我们总是“存在”，并且总在扮演。这种叙述还假定平衡要好于不平衡，而我对此存疑。最糟糕的是，它把“母亲”描绘成一个对象，而不是一个扮演者。对此，萨特会说，我们要做的不是试图实现工作与生活的平衡，而是应该努力做到自由而负责地扮演我们存在的角色。而第一步，就是不要再做“母亲”。N

悲伤与欢乐互相厌恶。

——

贺拉斯（古罗马时期诗人、翻译家）

插图：艾达·诺瓦，卡洛斯·伊根

HEART

心脏的重量

插图：埃及卢克索西底比斯，戴尔美迪纳神庙内部的浮雕

《死者之书》是古埃及有关葬礼的文本。图中的部分描绘了“死者的审判”：在有关葬礼的仪式中，阿努比斯会根据马亚特的羽毛来衡量死者的道德行为。马亚特是古埃及象征真理、平衡、秩序、和谐、法律、道德和正义的女神。如果死者心脏的重量比马亚特的羽毛轻，或是与其一样重，则可以确定死者一生品德高尚，可以进入“雅庐”，即天堂的极乐世界。荷兰国家古物博物馆的创立者卡斯珀·鲁文斯曾购得《死者之书》的一个版本。这也是他最后一次收购：在返回荷兰的途中，他死于中风，当时行李中装着这本书。

对立之物互补

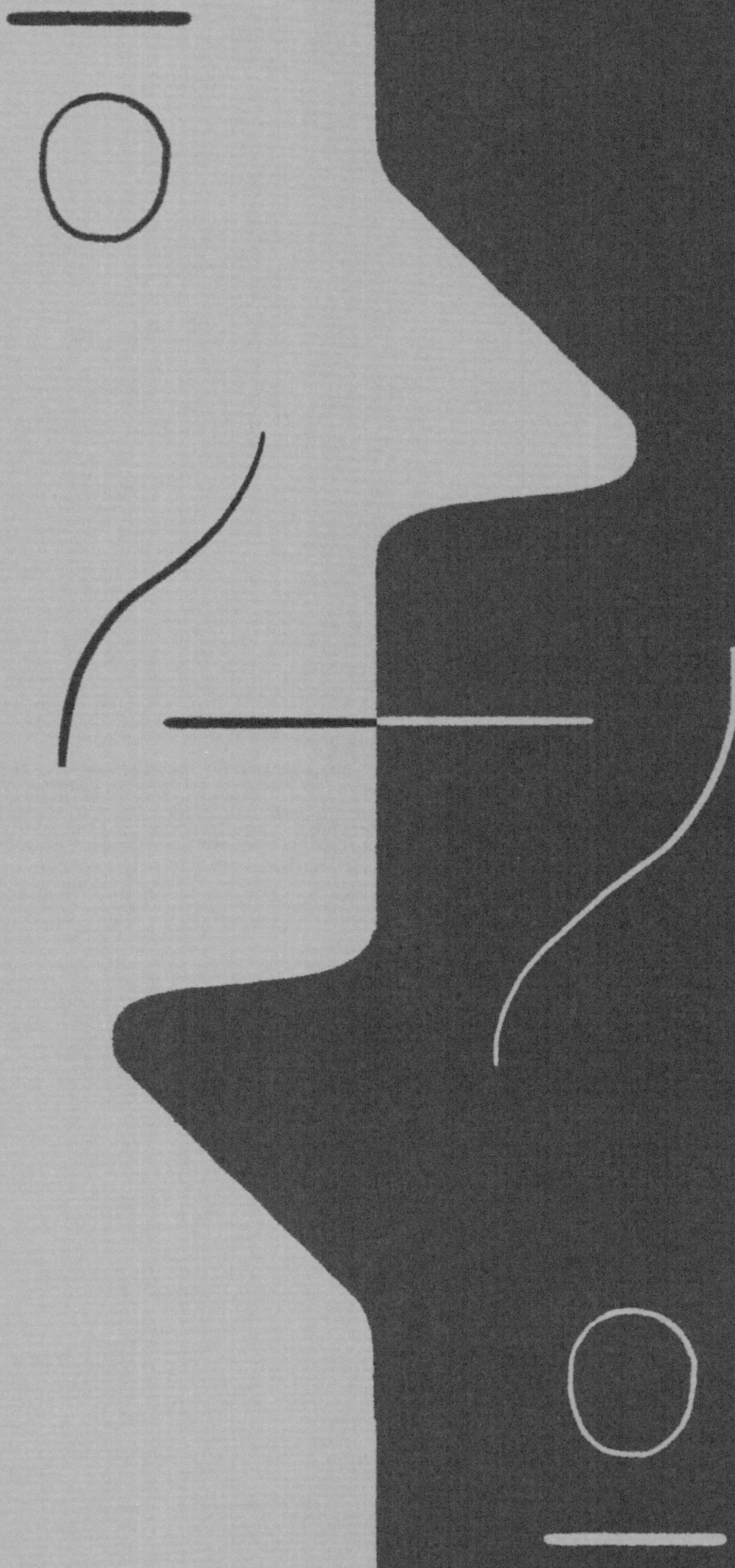

蒂姆·迪恩

插图：艾达·诺瓦，卡洛斯·伊根

1947年，丹麦量子物理学家尼尔斯·玻尔陷入了困境。崭露头角的丹麦国王腓特烈九世宣布玻尔获得了丹麦最高骑士团的大象勋章，以表彰他对科学做出的贡献，这让玻尔感到受宠若惊。这是一项引人注目的成就，尤其是因为大象勋章通常只授予王室成员和国家元首，而玻尔只是一介平民。实际上，在其500年的荣誉历史中，除了玻尔之外，只有一位科学家被授予过大象勋章，那就是丹麦天文学家弟谷·布拉赫（他也比玻尔具有优势，因为他已经是贵族阶层）。

获奖者除了得到一条挂着大象形勋章、相当笨重的纯金项链之外，还有资格在哥本哈根以北的腓特烈堡展示自己家族的徽章。问题是，玻尔没有高贵的出身，所以也没有家族徽章。因此，他决定自己设计一枚。

起初，他向丹麦的纹章权威机构——国家纹章顾问会寻求灵感，但是没有找到称心如意的样式。后来，他设计的龙形图案也遭到了拒绝，因为龙并非公认的丹麦纹章动物。这令玻尔犹豫不决，不知道该选择什么动物。

最终，在与挚友汉娜·科比林斯基·罗岑塔尔聊天的时候，玻尔找到了解决方案。玻尔的这位朋友是一位颇有造诣的哲学家，曾与德国现象学家埃德蒙·胡塞尔共事。罗岑塔尔非常了解玻尔的工作，深知他对调和量子力学和经典物理学这两个对立世界非常感兴趣，尽管这个任务看起来有点难以完成。同时，她也恰好是中国历史和哲学研究方面的专家，因此她建议玻尔考虑太极图（俗称“阴阳八卦图”）的符号。这个想法令玻尔十分兴奋，更让他高兴的是，这次他的徽章终于被接受了。

想要充分理解现实，就需要多重视角，
而它们时常相互冲突、相互矛盾。

玻尔还得选择一句座右铭，这比设计徽章容易。他很快就决定将拉丁语“contraria sunt complementa”作为座右铭，意思是“对立之物互补”。这是他最喜欢的一句拉丁谚语“contraria non contradictoria sed complementa sunt”的简略版本，意思是“对立之物并非矛盾，乃是互补”。

玻尔的新徽章上印着闪耀的阴阳图和矛盾的座右铭，反映出他所认同的关于现实的深层真相。这是东方哲学长期以来公认的一个真理，而他认为，这个真理被他的许多西方科学界同行忽视了。他主张的观念是：没有唯一的方案，没有唯一的解释，也没有唯一的逻辑或思维系统，能够独立解释所有的现实问题。反之，想要充分理解现实，就需要多重视角，而它们时常相互冲突、相互矛盾。这个想法被玻尔称为“互补性原则”。在他的职业生涯中，他花了大量的时间试图说服西方科学界了解这一原则的重要性，却常常被置若罔闻。

在很大程度上，互补性原则是玻尔于20世纪前20年在量子力学前沿工作经验的产物。这是一个动荡的时期，在此期间，我们对宇宙最为根本的理解受到了颠覆性的挑战。几个世纪以来，主导科学思维的是经典学派看待现实的观点。一个由几根优雅的线条组成的图案于1687年刊登在《数学原理》上，作者是艾萨克·牛顿。这个图案彰显着椭圆形行星轨道、轰鸣的蒸汽引擎和科学革命的胜利。19世纪发现的原子只是再次强调了如下的观念：宇宙不过是一张天文台球桌，原子球遵循着固定的因果定律，互相碰撞反弹。

这是一幅令人安慰的图片。它增强了一个认知：具体的客观现实“就在那里”，而我们仅仅是主观的观察者，它用决定论的丝带打包了整个宇宙。因此，如果你碰巧是皮埃尔·西蒙·拉普拉斯在1814年描述的那种假想的、全知的恶魔，并且你了解所有球的起始位置和所有作用于它们的力，那么，你必然确切地知道它们每分每秒会运动到哪里，直到时间的尽头。即便是爱因斯坦怪异的狭义相对论和广义相对论，也只能使这张台球桌弯曲变形，但仍然完整地保留了经典学派关于现实的、清晰而确定的画面。

随后，在20世纪初，量子力学进入我们的视野，掀翻了这张台球桌。在接下来的20年中，新兴的量子开始描绘世界，而玻尔为此做出了巨大的贡献。量子的世界与经典观念中的世界全然不同。在量子层面，我们似乎都在玩着完全不同的游戏。球不再仅仅是球，它们也是波。它们可以同时存在于两个地方，甚至没有占据任何特定的位置，而是跨时空的统计之影。量子理论甚至消弭了桌子和玩家之间原本显而易见的差别。

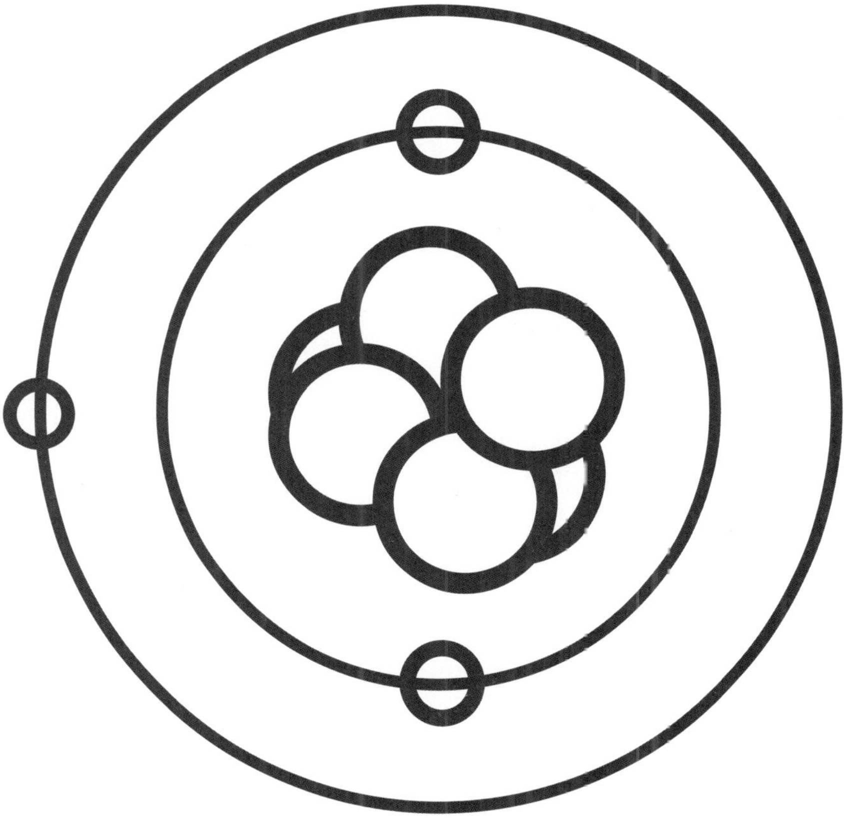

19世纪发现的原子只是再次强调了一点：
宇宙不过是一张天文台球桌。

量子世界的画面远远不如经典世界的画面那么令人感到安慰。它就这样颠覆了我们对世界的直观理解，颠覆了我们从前所坚信的世界的模样，以至于许多科学家得出结论，认为量子的世界一定是错误的。爱因斯坦就是其中一个怀疑者，尽管他自己也为量子物理学的发展奠定了一定的基础。爱因斯坦与玻尔就现实的基础本质进行了数十年的辩论。爱因斯坦著名的论点是，他无法接受现实是由概率而非必然所掌控的。在思考这场辩论时，玻尔于1949年写道："爱因斯坦嘲笑地问我们，是否真的能够相信有天选的权威方采取了掷骰子的方式来主宰世界。"爱因斯坦似乎在说：上帝不玩骰子。

对于玻尔来说，至少在量子层面，"上帝"确实会玩骰子。不过，他也认为，这并不会削弱我们在经典层面所观察到的事实真相，这就是互补性原则的核心思想。玻尔认为，我们对现实有两种不同的描述——量子的和经典的，它们在基本事物上存在分歧。然而，玻尔没有发现任何矛盾，二者同样真实。而要充分理解现实，二者缺一不可。两种对现实的描述并不对立，相反，它们是互补的。

玻尔采用东方的标志来表达互补性的观点，实在是再合适不过。在东方哲学的诸多分支中，认为对现实的描述可以是唯一的、精确的、客观的、毫不矛盾的，这种想法本身就是荒谬的。与此相反，使用概念来描述现实的结果就是，我们也会制造出对立和矛盾。我们成为自己悖论的"建筑师"。这并不表明我们犯了可怕的错误，只是世事本就如此。

对立与矛盾是老子在公元前6世纪左右撰写的《道德经》中的一个首要主题。这本书本身也充满了矛盾和悖论，其开篇之句就有所反映："道可道，非常道。名可名，非常名。"《道德经》故意用言语表明真理超出了言语的范畴，这一点颇具讽刺意味。

玻尔完全同意这个观点。另一个他最喜欢的说法是，世上有两种真理。一种是"琐碎真理"，它们的真实显而易见，任何对它们的否定绝对都是错误的；另一种是"深层真理"，它们与"琐碎真理"的不同在于，否定"深层真理"会得到另一个"深层真理"。

玻尔最终也没能改变爱因斯坦的想法。不过，他的互补性原则在亚洲科学家之中更受欢迎。玻尔的密切合作者莱昂·罗森菲尔德发现了这件事。罗森菲尔德于1961年前往日本，与曾在亚原子粒子方面做过开拓性工作的汤川秀树见面。他问汤川，日本物理学家是否觉得玻尔的互补性原则难以接受，并记录了这次对话。"汤川回答说：'不，玻尔的论证对我们来说似乎一直是显而易见的事实。'在我表达惊讶的时候，他带着贵族般优雅的笑容补充道：'你看，我们日本并没有受到亚里士多德的毒害。'"

万物和谐共处的理念是
道教！
不，是道家！
HEINEMAN

顺境不是一杆公平的秤，逆境才是衡量朋友的唯一天平。

普鲁塔克（罗马时代的希腊作家）

人们如何走遍世界，做着无数次细微的平衡调整，都因美好事物不断变化的权重而受到影响。

伊莱因·斯卡里（哈佛大学英美文学教授）

完美地对称就是完美地死亡。

伊戈尔·斯特拉文斯基（俄裔美籍音乐家）

任何一个瞬间都有快乐与绝望的诞生。

乔治·艾略特（英国作家）

从过度中总会诞生某种事物：伟大的艺术诞生自强烈的恐怖、强烈的孤独、强烈的压抑和不稳定，而前者总是会平衡后者。

阿内丝·尼恩（美国作家，受到弗洛伊德和荣格的影响）

数量合适的财富，就是既不会降至贫穷，也不会远离它。

塞涅卡（古罗马政治家、哲学家）

关于“平衡”的思考

在庄严的平等中，律法同时禁止富有者和贫穷者在桥下过夜，在街上乞讨，以及偷面包。

阿纳托尔·法朗士（法国小说家，1921年诺贝尔文学奖获得者）

功利主义学说的错误，在于它将非人性视作公正。

约翰·罗尔斯（美国政治哲学家）

评价别人，仅是徒劳。我们何其罕见地会以同样的天平衡量邻居和自己？

托马斯·肯皮斯（文艺复兴时期欧洲宗教作家）

通过享乐的节制与生活的对称，人才能获得平静。

德谟克利特（古希腊自然派哲学家）

不要混淆对称与平衡。

汤姆·罗宾斯（美国作家）

宽容是心智的伟大天赋；它所需要的大脑的努力，与在自行车上保持平衡相当。

海伦·凯勒（美国作家）

你最深刻的存在，在于每一次微小的收缩与扩张。两者像鸟的翅膀一样完美地平衡与协调。

鲁米（古波斯诗人）

所谓事物的“中道”，我是指与两种极端距离相等的一点。它对于每个人来说都是同一点。

亚里士多德（古希腊哲学家）

直到集体和个人在文明的路途上前行了相当的路程……才会承认女性的平等地位。

瑞贝卡·韦斯特（英国作家、记者）

有得必有失，何其怪哉？

《金云翘传》（越南长篇叙事诗）

每句睿智的格言，都有一句对立的警句同样睿智，得以维持平衡。

乔治·桑塔亚那（西班牙裔美国哲学家、作家）

每种秩序都是对极度不稳定状态的一种平衡行为。

瓦尔特·本雅明（德国哲学家）

插图：艾达·诺瓦，卡洛斯·伊根

插图：艾达·诺瓦，卡洛斯·伊根

平衡的生活

汤姆·查特菲尔德

平衡一定是不言而喻的好事吗？“平衡”这个词本身显然是这么暗示的。举个老生常谈的例子——“工作与生活的平衡”，按照定义来说，失去平衡就是把某些事情搞砸了。也许你的工作过于辛苦，或者过于轻松，也许你没有享受到足够的生活乐趣。无论哪种情况，你需要做的事情都显而易见（即便难以做到）。你必须权衡你的选择和承诺，然后让自己恢复平衡的状态。

从哲学角度来说，平衡生活的原则在很大程度上要归功于亚里士多德。在《尼各马可伦理学》中，亚里士多德以“工匠创造精湛的作品”的比喻，来解释他的黄金“中道”的理想状态。他论证说，艺术或工艺方面的精湛描述的是一个完美的分界点。一旦到达，就不应该再增加或减少任何事物，因为二者都会损害最终的成果。这个成果，就是与“平均”相对的“均衡”。

关于平衡、目的和美德，亚里士多德有很多复杂的理论，不过，这些理论中很少能有远至硅谷的影响力。在硅谷，技术帮助人们实现了最具影响力的现代平衡，带来了新的生活哲学。在愈发勤勉的系统的协助下，一个愉快而高产的21世纪公民应该量化并平衡自己的饮食、锻炼、消费与事业。完美是经过精确工程设计的存在，它的输出在各种前端（收入、娱乐、休闲、寿命）都会受到监控。使用现有最好的工具，让你的生活变得和谐，这有什么不好的呢？

关于人类繁荣生活的构想，“工程设计”这个比喻本身就暗含着反对的意见。每项技术都要求一系列关于输入和输出的预设：什么东西进入系统，输出什么东西，而什么样的过程才能最有效地保证预设的输入和输出。从这个意义上来讲，每台机器都是一种哲学，是一系列价值观的自动化体现。而这些价值观蕴含着一些基本的判断——什么重要，什么不重要。

散文家托马斯·弗兰克在《哈泼斯》杂志上一篇题为《谎言之家》的文章中，用这样的语言描述美国各大城市无处不在的连锁餐厅：它们是不具人性、毫无瑕疵的技术，平衡了无数的组成部分，服务生产和谐。弗兰克又写道："模块化的结构、在食品服务上应用的组装线技术、双篮油炸锅和散装调味品分配器，甚至是咖啡杯上巧妙的塑料盖，上面有可以向后折叠的开口，以便小口饮用——这些都是人类聪明才智的胜利。"但是，"那种强烈、集中的效率，也带来其他方面的极度浪费——燃料、空调、土地、垃圾填埋场。盒子里面，是工业工程的杰作；盒子外面，则是单纯用来消耗的人和物。"

在盒子里面，系统就像机械化的熟练工匠，为了追求某种完美而运行——各种要素都不多不少，刚好合适；每个障碍、延迟，或是垃圾废料，随着时间都得到了处理和改善。然而，在盒子外面，只有未被量化的垃圾：这些材料对平衡来说无关紧要，本身也就变得无足轻重。

平衡像是不言而喻的好事，正是因为它预设了它所在的系统的正确性：所选中值的正当，以及所选任务的价值。我们内在的系统设计得越完美，它们的激励与价值就与我们自己的激励和价值越趋同——每个头脑正常的公民都会渴望这样的平衡。

对于追求哪些结果是道德的，哪些是不道德的，亚里士多德有着严谨的观点（他尤其强调自我提升和自治）。可是，他的哲学很难应用到现代社会的情境里，通常只会沦为对生活方式的奉承。另一位较为近代的思想家则不存在这种困扰。他的作品猛烈地抨击了所有系统的局限，特别是科学和技术在推翻诸神之后，又填补不了曾经被诸神占据的空虚。

尼采一生大部分时间都是一个病人。他几近失明，饱受困扰；偏头痛使他麻痹，时而还会瘫倒在床，数周不起。因此，他大部分成熟的哲学作品，都是以在阿尔卑斯山区度过的日子为灵感，用简洁的语言、在兴奋的爆发中写成的。最近，在尼采传记《我是炸药！》中，苏·普里多将这些描述为一种毁灭与再生的形式。"每次患病都是一次死亡，跌入一次地狱。而每次康复都是一次愉悦的重生，降临一次世间。这种存在的模式使他充满活力。'Neuschmecken'，即'新的品尝'，是尼采描述这种状态的原词。在每次短暂的康复期间，

尼采坚持认为，所有以质疑为目的的系统都是可疑的。

整个世界都闪耀着全新的光芒。因此，每次康复都不再只是他自己的重生，也是一个全新世界的诞生，是一系列等待答案的全新难题的诞生。”

尼采的哲学，是一种既不属于平衡，也不属于和谐的哲学，是一种属于创造性毁灭的哲学。他拒绝答案和解法，最重要的著作都以省略号结束，不给出结论。尼采在《看这个人》的前言中写道：“哲学，按照我的理解和体验，是自愿在寒冰里、高山上生活——追求存在中所有奇怪和可疑的东西，一切迄今已被道德驱逐的东西。”

这是一种自愿的、艰苦的存在。由于尼采拒绝答案、拒绝固定的立场，这为那些想要曲解他的人提供了丰富的素材。不过，在他完成的作品里，尼采坚持认为，所有以质疑为目的的系统都是可疑的。对于那些自称基于科学的确定性而质疑的人，他更是保留了一份特殊的愤怒。

希望过一种平衡的生活有什么错呢？没有错，只要你接受“平衡”暗含着标准、先后与价值。所有这些都可以被辩驳，并且必须被辩驳，否则它们就会沦为空谈。硅谷可能开创了以技术量化生活的先河。在不远的将来，根据统一的社会信用制度，每个公民都会被不断评分——每次旅行、购物、行为和不作为，都会被整合到经过工业设计的、和谐的摩天大楼之中。结果就是，在和谐国家里和谐地生活。这是可行的原理，前提是你要相信它的正义性。

谈到系统，以及它对道德内化的影响，亚里士多德和尼采至少在一件事情上意见一致：如果没有机会对个人和集体行为的权重进行透彻的辩论，就将人类放入任何盒子里，那这盒子最终都会成为监狱。N

血气刚强，则柔之以调和。

——
荀子

照片：《1939年夏天》，福特潘

伦理困境（少儿版）

与孩子的问答对话

马修 · 彼尔德

为什么成年人要一直工作？为什么他们不能花一半时间娱乐？

花一点时间，想象一下你心中的完美世界。你认为每个人——无论孩子还是成人会花多少时间工作和娱乐？我猜工作时间会很少，而娱乐时间会很多。

现在再想想，如果要创建你心中的完美世界，现实世界需要改变哪些地方？如果我决定从明天起，将工作量减少一半，那么我和我的家人就很难继续购买食物，也很难住在现在的房子里。许多我们喜欢的、有趣的事情也不能做了。

看看社会运作方式，你会发现，它看起来更像是围绕着工作而建立起来的世界。让我们的生活真正重要的一切事情，都需要我们在工作之余抽出时间去做。如果你非常幸运，也许可以有一份有趣的工作，比如绘画、运动，或是其他使你感到愉快的事情。但是对于很多人而言，情况并非如此。

这样来看，在忙碌的一天中，成年人不会像你一样花那么多时间娱乐，原因正在于此——他们还有其他事情要做。如果我们想花更多的时间在娱乐上，就必须改变世界，而这会十分困难。但是，如果工作结束了，我们就可以去玩耍，那么所有的工作都是值得的，不是吗？

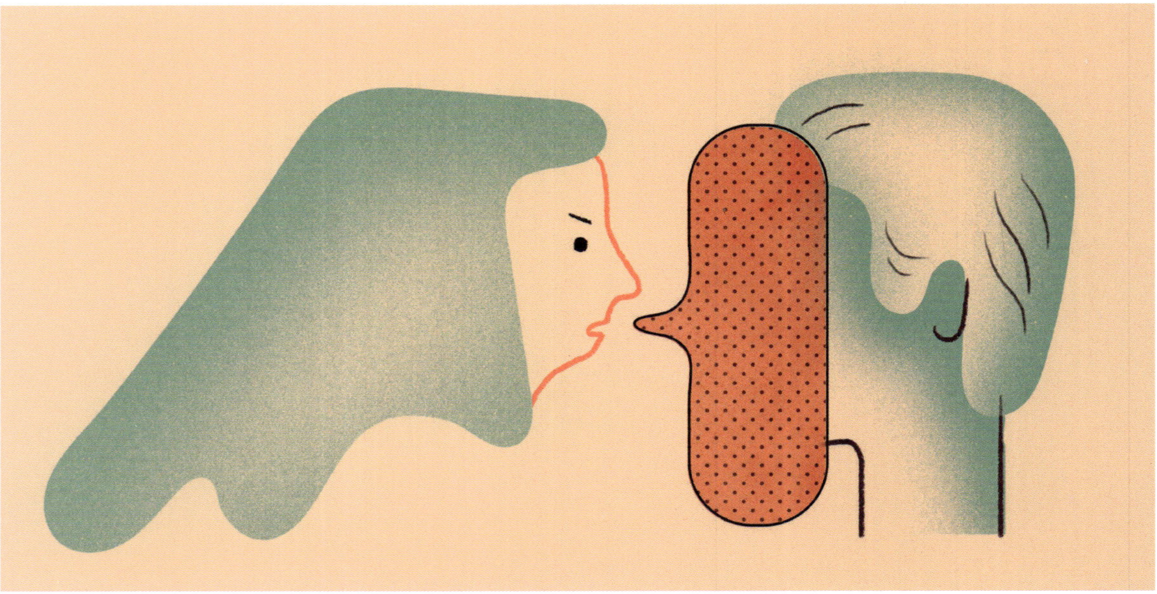

为什么我知道一个人是错的，还是要听他的话呢？

我不觉得你需要这么做！有时候，你知道一个人说的是错的，还听他的话，可能不是件好事。假如有人在散布关于你的可怕的、威胁的谎言，而你还继续听他的话，也许会对自己的心理健康造成不利的影响。这时候，最好别再去听（如果他们也不再讲那些可怕的谎言就更好了）。

虽然有时候倾听会带来伤害，但是有时候，拒绝倾听也会让对方受伤。设想一下，如果你有话要说，但是别人觉得你是错的（比如，一个大人没有听你说话），这会是一种令人沮丧的感觉，不是吗？

这是因为我们的思考没有被严肃对待。别人不觉得我们能提出好的想法，这会让我们感觉没有被尊重。我们所有人都觉得自己可以有所贡献，而同时，我们希望其他人至少可以给我们说出自己想法的机会。

即便知道一个人是错的，倾听他们要说的话，也可以让我们学到东西。我们常常觉得有些想法要么完全正确，要么完全错误。但是有时候，对与错没有这么绝对。

倾听能帮助我们看到错误背后的思想，帮助我们了解为什么他们会犯错，也许还能帮助我们发现其中暗藏的正确。

伦理困境（成人版）

马修·彼尔德

和大多数人一样，我的朋友们对任何话题——从政治到怎样抚养孩子最好，都有着各种各样的看法。每每讨论这些话题，一旦他们和我的观点不同，我就会尝试保持中立。他们与我的观点分歧越大，保持中立的难度就越大（通常，他们并没有那么客观公正）。不过，我都会设法做到有礼貌，尽量用不太说教的口吻来反驳他们，并提出自己的观点。我们不必在所有话题上都达成共识，我们的友谊仍可以继续。而且我很清楚，任何情况都有多种不同的理解角度，因此，看待事物的“正确”方式并非只有一种。

然而，涉及环境问题的时候，比如全球变暖、资源浪费、环境破坏，以及人类入侵导致的物种灭绝等，我无法接受有人觉得这一切还在朝着好的方向发展。我的问题是：在如何对待地球这件事情上，如果我十分肯定我们正在错误的道路上越走越远，我是否还需要保持中立的观点呢？我一定要倾听那些否定气候变化影响的人的观点吗？

平衡的隐喻存在的问题，在于事实和证据常常并不平衡。只有忽视了很大一部分事实的人才会相信，在气候变化的问题上可以持中立态度。除此之外，诸如此类的问题还有购买童工生产的产品、从战争和暴力犯罪中获利等。

有时候，争论的一方在证据的权重上占据压倒性的优势。对待这样的问题，采取平衡中立的观点似乎不太合理。毕竟，仔细寻找证据、认真思考问题的最终目的在于得出我们认为“正确”的观点。而且，在大多数情况下，并不是由哪一方人多来决定哪一方正确。

保持平衡中立这个方法也有其弊端，它只在我们尚未决定什么是“正确”的时候有用。在这种情况下，对所有可用的证据和论点持开放态度不是一件坏事。怀着善意与之接触，看看它从自身出发是否有意义，并将其与我们现有的所有证据放在一起，再看看它是否仍有价值。

英国哲学家约翰·斯图亚特·穆勒持有类似的观点。他认为，在一个自由的社会里，我们不应该审查任何想法，因为我们始终应该谦虚、谨慎，接受自己有可能出错的现实。无视某些看法，甚至令其沉默，可能意味着无视真相，这是一件危险的事情。

穆勒还认为，倾听他人的想法可以帮助我们进一步肯定自己是对的。如果我们的想法在遭到反对之后仍然保持不变，我们就可以肯定，这个想法值得被认真对待。

当然，穆勒所说的“想法交流”的方式存在一个很大的问题，在我们讨论气候变化的时候就已经显现出来：它让我们很难摆脱糟糕的观点。哪怕是一个显而易见的糟糕观点，任何人都可以重新点燃它。然后，我们仍然会倾听它，再用正确的观点击败它，即使这只是再次重复我们之前的行为。这个过程非常不利于人们达成共识。而在需要达成共识才能阻止某些道德或生态灾难的时候，就更加不利了。

并非所有观点都是平等的。我们自己和他人都有责任保护彼此最好的观点不被谎言、私利和无理吞噬。有时候，这可能意味着我们要倾听他人的意见，然后纠正他们——如果他们也愿意倾听的话。有时候，这可能意味着进行一场有目的的谈话，而不是自说自话。

重写历史

蒂芬妮·詹金斯

2019年2月英国伦敦皇家艺术研究院宣布，下期展览的主题为“文艺复兴时期的裸体”。这引起了媒体和评论员的过度反应。他们发布了一系列报道，表示“政治正确已失去理智”。《电讯报》愤然说道：“在新的后‘metoo’展览中，皇家艺术研究院不惜以裸体追求‘性别平等’。”艺术界的专业机构“博物馆协会”热情洋溢地证实道：“这是艺术研究院首次将性别平等的配额原则*引入展览。”

然而事实并非如此，这次展览没有性别配额。尽管男性与女性裸体的数量差不多，但是策展者并非有意借此实现男女平等。男性与女性臀部的数量之所以大致相当，仅仅是因为这就是当时的艺术家所创作的数量。只要看一眼米开朗琪罗的伟大雕塑《大卫》，你就会发现，男性的身体在当时颇受尊崇。

忽略过于草率的新闻报道和急于断论的评判态度，错误和过度的解读或许是可以理解的，也能带给我们一些教训。文化机构近来都在争先恐后地按照政治上可以接受的方式，重新平衡美术馆中的艺术家和画作。而记者们追随的则是文化世界设定的一个大标题。这样的标题可能会给我们对艺术史的理解和鉴赏带来负面的影响，同样也不利于我们理解那些为女性争取平等的斗争。

2018年，曼彻斯特美术馆从墙上摘下了约翰·威廉姆·沃特豪斯的《许拉斯与水泽女仙》，因为这幅画描绘了一些裸体的水泽女仙。礼品店也不再售卖这幅画的明信片。这是社会团体“游击队女孩”长达30年激进主义运动的结果。他们臭名昭著的海报上写道：“女性只有裸体才能进入大都会艺术博物馆吗？”美术馆认为这一做法有正当理由，是为了“引发一场辩论”，讨论哪些画作应该展出，由谁展出。他们的确引起了广泛讨论，更激起了部分公众的强烈反对。这些公众不仅喜爱这幅画，也不喜欢由别人来决定他们能看什么画。最后，这幅画被复归原位，但这也只是暂时而已。

★ 即男女性别比例平衡的原则。——译者注

插图：艾达·诺瓦，卡洛斯·伊根

近些年来，文艺复兴最伟大的艺术之乡佛罗伦萨的乌菲兹美术馆，试图重新平衡艺术家的性别，并且专门为“被忽视”的女性画家举办了展览。当然，你也可以说他们是为了将“女主人”◆们封神。其他地方，比如巴黎大皇宫，也为极有造诣的18世纪晚期法国肖像画家维吉·勒布朗夫人举办过一次展览。此前，这些画作曾在纽约大都会艺术博物馆展出。这场展览的宣传焦点是“姗姗来迟”，暗示维吉·勒布朗夫人之前一直被忽视是因为她是女性。

无独有偶，马德里的普拉多美术馆在2016年也为一位女性艺术家开办了第一次个人展，她是弗兰芒的静物画家克拉拉·皮特斯。2016年，弗朗西斯·莫里斯出任泰特现代美术馆馆长，她批评说，该美术馆的永久馆藏名单里只有335位女性艺术家，却有959位男性艺术家，这“就是不够好”。 一年之后，泰特现代美术馆的扩建场馆“斯维奇馆”开馆之际，她将其中半数的艺术家个人展览室都用于展示女性艺术家的作品，包括安娜·卢帕斯、路易丝·布尔乔亚和苏珊娜·莱西。

的确有一些杰出的女性画家被人遗忘，而那些已有作品展出的艺术家无疑证明了自己。10年前，很少有人知道比利时巴洛克艺术家米卡埃琳娜·沃捷的名字。但自从2018年在鲁本斯故居和安特卫普河畔博物馆举办了她的第一次回顾展后，人们已经开始将她看作那个时代最为出色的一位画家。理应如此。

沃捷在她的时代并非寂寂无名之辈，只是随着时间的流逝变得鲜为人知。这种遗忘很可能要归因于变幻莫测的流行趋势，也可能是因为她的性别，许多男性艺术家对这样的际遇也颇为熟悉。就拿约翰内斯·维米尔来说，这位杰出画家善于展示理想的家庭生活，他的名字如今已经家喻户晓，提及者无不对其表达敬意。可是，维米尔去世时，仅仅只是略有名声，几乎算无人知晓，生活也非常窘迫。还有伦勃朗，这位自画像大师去世时，葬礼仪式与贫民并无二致。尽管伦勃朗在职业生涯的早期就已有所成就，但随后时运骤降，不再受人欢迎，甚至遭到诋毁，最终被葬在阿姆斯特丹西教堂附近的一座无名坟墓里。

即便只是为了活跃气氛和拓宽视野，我也完全赞成受宠和不受宠的艺术家时不时交换位置，人们的品味毕竟会变。不过，大体上，现在正享受着聚光灯的那些伟大的女性艺术家，包括维吉·勒布朗夫人和阿尔泰米西娅·真蒂莱斯基，在她们的时代其实也享有盛名，广受喜爱；前者深受玛丽·安托瓦内特的推崇。然而，寻找不知名的艺术家，只因为她们是女性，就把她们强行塞入“伟大”的范畴，是一件比较困难的事情。因为她们一开始就并不伟大。

◆《女主人：女人、艺术与意识形态》是一本探讨艺术史上性别不平等的著作。——译者注难题就在于，艺术史以及整个社会本来就是不公平的。在历史的储藏间里如何翻箱倒柜，都不会改变这一点。你就是没法让观众喜欢上芭芭拉·隆吉。尽管她曾是一位广受称赞的文艺复兴画家，但她还不够优秀，无法经受时间的考验。你可以将克拉拉·皮特斯和露易丝·莫永奉为经典，但这是因为她们是真正优秀的画家，与性别无关。

经典不是一成不变的。它们可以并且应该被质疑、被重塑。但在女权主义的艺术史中，你却时常会看到有人愤世嫉俗地忽视伟大艺术家的成就，无法理解和承认女性没有达到同样高度的真实原因。

几百年来，女性一直没有受到与男性平等的对待，而是囿于私人世界中，这就是伟大的女性艺术家相对较少的原因。并不是因为她们的成就被忽视了，而是因为她们在社会上所处的地位，因为较低的期待和机会的匮乏。也正因为如此，一旦她们冲破常规，做自己的事情以至卓越，作品就会令人兴奋。米卡叶琳娜·沃捷的《酒神的胜利》是一幅充满感官力量的作品。更加令人钦佩的是，直至这部作品问世200年后，女性才被允许上人物绘画课。即便在那时，我想沃捷也一定更欣赏对她的艺术能力，而非生理性别的称赞。

重新书写艺术经典以将更多女性艺术家纳入其中，可能会将经典扭曲至极限。几年前在泰特现代美术馆举办的索尼娅·德劳内展还不错。然而，她的作品的优秀程度配不上如此大规模的展览和如此多的溢美之词。作为一个观众，我感受到太多的积极歧视，离开的时候愤愤不平。同时，我还怀疑，这些机构重新找回平衡的举动，已经使得展览其他方面的专业性也受到了质疑。

让我们回到人们对皇家艺术研究院“文艺复兴时期的裸体”这一展览的反应。人们一旦认为展览建立在政治的基础上，展现出我们想看到的样子，失去了原有的真实，就会对作品感到不信任，甚至产生怀疑。真正的、原创的艺术成就，则会被看作政治正确的产物，并被丢弃一旁。事实上，皇家艺术研究院的展览最初只是为了展示男性裸体在基座上放置的方式，别无其他。N

他知道人为了活着会保持中间状态。既不偏向一侧，也不偏向另一侧。

——

亚历山大·蒲柏（18世纪英国著名诗人）

公元前900—前500年，阿克罗巴特，墨西哥霍奇巴拉，洛杉矶艺术博物馆

白
黑

昼*

白昼*=12小时7分钟
黑夜=11小时53分钟

*白昼是一天中地球上任何一个地点受到太阳直射的自然光照明的时段

夜

刚刚好的一天

蒂莫西·奥尔兹

照片：《埃尔热倒计时》　摄影：伯特·考夫曼

没有什么比时间更民主了。无论是谁，尤塞恩·博尔特还是塞雷娜·威廉姆斯，一天都只有不多不少的1 440分钟。时间的流逝把我们所有人以每小时60分钟的速度推向未来。

想象一下：你决定要健身，每天游泳半小时。你需要花时间养成游泳的习惯，前往游泳馆游泳，返回家中，洗个澡然后换衣服。我们假设这些事情全部加起来需要1个小时。这些时间从哪里来？不会凭空变出来。时间就像水一样，不可压缩，也不可扩展。你可以早点起床，晚点睡觉，偷个懒早点下班，洗澡洗快一点，少花点时间在社交媒体上，放弃与爱人的亲密时间，或者不做饭点外卖。为了省出时间，你会怎么做？人们实际上又是怎么做的？

我知道这个问题的答案，因为几年前我们做了一个小型的研究项目。我们找了100个人，要求其中2/3的人在有空的时候每周花2.5小时或5个小时开始一项锻炼计划，另外1/3的人则被要求继续自己正常的生活。我们比较了两组之间时间分配的变化。那么，时间从哪里来呢？

原来，额外的时间来自现代生活的三个深层时间库：电视、睡眠和家务。我们的参与者为了挤出一些时间锻炼，会选择少睡觉、少看电视，或者放任家里乱成一团。可惜的是，在为期7周的锻炼计划结束时，他们的时间分配又回到了以前的样子。一旦有了多余的时间，他们就会补充睡眠，打开电视，把房子整理得井井有条。习惯的生活规律最终还是将我们拉回了日常的节奏。

如此说来，我们一直在根据他人的建议铺设着时间的碎片，试图维持平衡的生活。有人告诉我们，一天要睡8个小时，要进行至少30分钟的体育锻炼，而且不要坐得太久。可问题是：如果要在一件事情上花更多时间，就必须在另外一件事情上少花时间。如果我决定要多睡1小时，就必须放弃做其他事情的1小时。那么我应该牺牲什么？是锻炼、看电视，还是社交？时间的汇率又是多少？比如，每天步行30分钟能缓解的抑郁程度，需要每天加上多久的睡眠才能换来？与此同时，我又该减少多少看电视的时间？

退休后的日子非常适合研究这个问题，因为在这个生命阶段的一天伊始，睁开双眼，却不用去上班，你会感觉自己像是时光长河岸边搁浅的残破船只。此时，你会如何度过空闲的时间？事实证明，你会多睡40分钟，多看40分钟电视，再多花1小时在家务上（又是这三个时间库）。

此外，你还会增加一点读书时间和社交时间。我们找到100位年纪较长的参与者，测量了他们退休前6个月到退休1年内的时间分配，并研究了时间分配的变化是如何影响他们的心理健康和幸福程度的。在空余时间进行更多锻炼或者增加睡眠时间普遍是有益的。不过，在心理健康的不同方面上，睡眠和身体活动之间的汇率也不同。对于整体健康而言，多睡45分钟与走路60分钟一样好。在这种情况下，肯定毫不犹豫选择睡觉。但如果想要缓解压力，你需要多睡2.5个小时，才能和仅仅步行20分钟带来的好处一样多。这时，走路显然更容易。

最大的问题是：怎样才是最好的平衡，什么也不多，什么也不少，拥有适度的健康？如何分配时间才是正确的？怎样才是刚刚好的一天？

关于这个问题，我们也有一些发言权。我们通过手腕上的活动追踪器，每24小时收集数据，测量了1 000名11岁的孩子及其父母在几天之中的时间分配情况。我们还测量了与他们的健康和幸福相关的各项指标。我们收集了大量的血液、组织、头发、尿液、粪便和指甲，使他们在离开实验室的时候都轻了几千克。我们测量了血压、血糖、血脂、肾功能、肝功能、免疫功能、体脂、听力、生活质量、生物年龄、识字率、计算能力……然后我们研究了哪些活动组合可以使他们达到最佳的健康状态。

事实证明，从生活质量到血压，无论在健康状况的哪个方面，让人们觉得刚刚好的区间几乎相差无几。对于成年人来说，最好的组合是6～9小时的睡眠，不超过7小时的久坐，以及9～12小时的站立或移动。孩子们则简单得多：8.5～11.5小时的睡眠，坐着不超过8小时，站立或移动5～7小时。但是，对于孩子来说，还有一个特殊因素。为了在学校里取得最好的成绩，一天有11～14小时要坐着，而只有1～2小时可以站立或移动。因此，这里也需要时间权衡。对于15岁的男孩来说，利于学习成绩的最佳睡眠时间是7小时45分钟，利于心理健康的最佳睡眠时间是8小时45分钟。你希望自己的儿子成为什么样的人，是郁郁寡欢的一等生，还是开开心心的二等生？

你可能会认为，现代世界的流动性会让时间的权衡变得容易一些。我们不再受制于电视节目或工作场所的严格规定。我们可以随时随地推迟观看节目的时间；我们可以选择晚上或周末在家里工作；我们可以在线购物；我们似乎生活在一个时间流动的世界中，可以交易现在与未来。但是，我们都被时间长河的潮起潮落牵动着，射击钟表的革命者★、创建新的历法或者宣布纪年从零开始，都不会改变这一点。时间是一个莫比乌斯环，牺牲与补偿在不经意间已经彼此交融。我们的时间总是不够用，时间总是在流逝。我们所能做的只有坐在岸边，凝视着无边无际的时间海洋，尽我们最大的努力管理它。

★ 19世纪对抗工业革命的卢德运动中，革命者曾经射击钟表以表达对时间控制的不满。——译者注

相信我，智者从来不会说“我有生之年一定要……”。
明天太晚，从今天开始。

——

马提亚尔（古罗马文学家）

插图：艾达·诺瓦，卡洛斯·伊根

平衡释义

balance /ˈbal(ə)ns/

名词:

1. 重量均匀分布，使某人或某物保持直立和稳定。
2. 不同元素相等或比例正确的情况。
3. 心理或情绪稳定。
4. （艺术）设计和比例的和谐。
5. 一种称重设备，尤其指有中轴、横梁和两个秤盘的设备。
6. 抵消重量或力量。
7. 账户中入账与出账之间的差额。

动词:

1. 保持稳定，以免跌落。
2. 抵消或比较两个事物之间的价值。
3. 比较账户中入账和出账的额度，以确保它们相等。

起源:

中古英语〔平衡（以称重义）〕：源自古法语balance（名词），balancer（动词），基于晚期拉丁语（天秤星座）bilanx“具有两个刻度盘的(天平)”，源自bi-“两次，有两个”+ lanx“刻度盘”。

来源：《牛津英语词典》

建立平等的社会

受访者：伊丽莎白·安德森
采访者：亚历克斯·辛德斯

亚历克斯·辛德斯：您在有关政治哲学、法律、女权主义认识论和平等主义的著作里，都谈论过“平衡”这个话题，尤其是您即将出版的关于平等主义历史的新书里。

伊丽莎白·安德森：无论是在方法论的层面上，还是道德要求的实质内容上，平衡在道德和政治哲学中都扮演着极为重要的角色。

如果从方法论的角度来思考，我们有“思辨平衡”这么一个概念。它的意思是，我们在尝试思考什么是正确或者公平的时候，实际上是在我们关于对错的直观、普遍的观念或原则，和我们对某个特定情形的直觉之间寻求一种平衡。我们会反复权衡，根据我们对情形的直觉来完善这些原则，也会试图找出能适用于所有特定情形的普遍原则。然后，我们还会去探索新的情形，并尝试使其与已有的原则达到平衡状态。差不多就是在我们对于特定情形的直觉，以及我们对于能够用以解释这些情形的通用原则的直觉中，我们才确立了道德观。这就是一个涉及“平衡”概念，十分有趣的方法论观点。将这个观点提现的一个方式，是将正义理论化的“社会契约论”。

社会契约论认为，正义的原则就是那些理性的、与其他人处于平等关系的人，在自由且自愿的前提下，接受其管理的原则。这里同样构建了一种平衡的理念，因为任何正义的原则都建立在互惠的概念上——“如果你遵循这些原则，那么我也会遵循这些原则”。这种商讨出来的结果在其他人愿意遵循的前提下，决定着我们愿意共同遵循哪些原则，这也是一种平衡。很多研究社会契约论的理论学家都认为，如果你能够在一开始让每个人都处于对称的位置（没有人处于别人的压制下，没有人需要臣服于其他人、被迫做出让步），那么每个人都会期待正义的原则会对他们一视同仁——任何人都不比别人优越，也都不比别人低下。因此，那些平衡的理念大体上都倾向于平等主义，基本变成一种愿景：正义涉及能够支撑一个平等自由的社会的原则，并且能将其实现。

亚历克斯·辛德斯：我们谈论的这些其实刚好是我们今天的第一个问题——从这些基础出发，

伊丽莎白·安德森是密歇根大学哲学系主任、哲学与女性研究教授，也是“亚瑟·F.瑟诺教授”和“约翰·杜威杰出大学教授”，还曾担任美国哲学协会分会会长。

我们在谈论平等主义的时候，到底在谈论些什么？什么是平等主义基本、关键的原则或者观点，以及我们从哪里可以看出它们在社会上发挥的作用？

伊丽莎白·安德森：是的，的确如此。从社会契约的角度，人们会想："好吧，我不想做别人的附属。"也有不同的人会想："我想比别人优越。"但是有一个很厉害的人类学家——克里斯多夫·伯姆，写了《丛林中的等级制度》一书。他四处走访，调查了以狩猎、采集为生的人如何看待平等这个问题。从人类学的文献中，我们了解到采集-狩猎者们的一件事，即他们都是平等的。从人类学以及人类先祖的化石记录中，我们同样能得知，我们都曾经在采集-狩猎者的条件下进化发展。我们，也就是人类这个物种，都是从采集-狩猎者开始的。现在，我们无法精确地得知我们的祖先在采集-狩猎阶段是否像现在的采集-狩猎者一样平等。不过，平等主义在分布广泛、四散各地的采集-狩猎群体里，具有十足的普遍性；这当然也暗示着，这是一种采集-狩猎者一致同意的、自然的平衡。其中的一个原因就是，人是移动的，随时都可能在迁移，不能真的忍受把一大堆东西拖来拖去。所以，在那个时期，财富不平等根本没有什么意义，因为人类需要轻装简从。

亚历克斯·辛德斯：所以说，即使在打猎这件事情上，如果你决定自己留下所有的猎物，也不可能自己全部吃完或者带着猎物四处游走。在这种情况下，拥有所有的资源和财富并不是巨大的优势。

伊丽莎白·安德森：实际上恰好相反，这是个劣势。我们还知道，所有采集-狩猎群体都默认肉是共享的。这种共享也创设了一种保险原则，有点儿像采集-狩猎者版本的社会保险——如果这周我的长矛没有杀死任何大型猎物，别人也会捕获，并且分享给我；下周也许运气会落在我的头上，而我也需要分享。我们现在的失业保险、养老保险等，作用也一样。因为过些日子，就会有采集-狩猎者老到打不到多少东西，甚至完全没法再打猎，而其他采集-狩猎者会照顾他们，这一点和现代社会一模一样。

亚历克斯·辛德斯：想到平等主义的时候，我的脑海中马上就出现的概念有平等、公平和正义。我的这些联想是否正确，还是说这里面其实有一些非常重要、值得强调的差异？

伊丽莎白·安德森：在当代的理论学家之中，有一些默认的、关于人类平等的基本概念。我们都享有平等的人权，在权利或者命运层面，没有人生来就应该服从他人。然而，大多数理论学家认为，在基本的权利和自由的平等主义原则下，也会出现某些具有合理性的不平等。我觉得这种想法是接近现实的：为了拥有一个繁荣的社会，我们需要各种各样的团队生产组织，而

我们需要激励机制来刺激生产，这个论点没错，但是现在已经被带入极端，而激励机制也已经远远超过了"差异原则"所允许的范围。

这些组织包含着内部的等级制度。所以……比如像我所在的大学，我们有校长、院长、系主任，对吧？我就是系主任。所以，我们这里就有某种等级制度，而且很难想象，如何在没有任何等级制度的情况下，进行复杂的团队生产（比如我们在教育、医疗、大量运输以及各种工业领域所见到的那种）。

在复杂的现代社会中，平等主义不会像采集-狩猎社会中那样严格，因为我们现在有了社会分工，而对于采集-狩猎者来说，只要群体需要，他们基本上什么都要做。虽然他们也有一些原始的性别分工，但是在有的采集-狩猎群体里也不太严格。

由于等级制度的存在，大多数平等主义者会说："好吧，所以会有不同的权力，而且高层会获得某种程度的差别尊重。"但是，我们至少需要人人都有得到高层职位的平等机会。此外，每个人在发展才能和晋升竞争上，也能得到合适的机会。

亚历克斯·辛德斯：最近，机会平等和结果平等之间的争论卷土重来；同时，自由派和平等派之间也开始剑拔弩张。我们应该怎么做，才能达到恰当的平衡？我们还要付出多少努力，才能够解决世界的不平等问题？

伊丽莎白·安德森：这真的是一个很好的问题。我认为，在过去的50年里，我们看到了发达国家之间稳步增长的不平等，而整体上，国家内部的不平等也在加剧。一旦贫穷的国家达到了中等收入水平，这些国家内部的不平等也随之加剧。尽管从世界人民的角度来看，中国和印度的卓越发展意味着不平等现象有所缓和，但是这主要是由这两个体量非常非常大的国家的经济增长带动的。

但是就一个社会里，也就是一个国家而言，世界上大部分的国家都出现了更多的不平等现象。这绝对是一件值得担忧的事情。有一个原因是，在政治层面上，如果我们处于极大的不平等之中，富人就会开始包揽所有的政治决策。虽然在政治影响力上，一直有许多不平衡的情形存在，但是现在变得非常极端。

亚历克斯·辛德斯：所以，21世纪是个尤其糟糕的时代？我们正见证着财富不平等的加剧，以及随之而来的政治权力不平等的加剧？

伊丽莎白·安德森：是的。举个例子来说，企业的权力在第二次世界大战之后已经达到了空前的高度，而此前有工会的力量来制衡它。但是在过去的40~50年里，富裕国家工会的力量被持续地削弱，现在其实已经没有可以与企业抗衡的力量了。尤其是在有了世界贸易组织（WTO）以及其他国际贸易协议后，企业能够做任何决定，因为它们可以迅速带动资金流动，关闭工厂后，扭头又在其他地方开设新工厂，这些都极大地损害了工人议价的权利，并且改变了财富分配格局，让财富流向了资本的所有者，而不是那些为了生存劳作的人。

亚历克斯·辛德斯：在财富和经济平等这个话题上，我们该如何从平等主义的角度看待财富？你曾经说过，绝对的经济平等不仅和自由矛盾，和平等本身也是矛盾的。你能够为我们稍微解释一下这个观点吗？

伊丽莎白·安德森：是的。如果你去看看，实现绝对严格的物质平等需要哪种政治结构，你就会发现，它需要高度集中的权力告诉所有人什么能做、什么不能做。而这又会带来一种新的不平等。

我们可以想想，是什么导致了纯粹的物质不平等。是在社会有了剩余价值的时候。这在人类超越采集-狩猎社会的经济发展水平之后，马上就出现了。采集-狩猎的人只能满足基本需求，没有什么剩余价值，所以在物质上完全平等。一旦他们获得剩余价值，如果没有某种集中的国家权力告诉他们许多事情不能做，那么要绝对公平地分享剩余价值是非常困难的。但如果有了这样的国家权力，本身又是另外一种不平等。也就是说，政治不平等才能带来物质平等。看吧，这真的是一道难题。

纯粹、完美的平等，在各个维度都不可能真的实现，但是我们能够接近它。俄国在布尔什维克革命后，曾经尝试建立人人平等的薪酬制度。中国也做过类似的尝试。可是他们发现，有些人仍然在努力工作，有些人却开始偷懒，让努力工作的人做那些苦差事。这样会导致生产效率低下。同时，它还会引起很多愤恨，因为努力工作的人会想：“其他人只是在占我们的便宜！”因此，需要引入某种激励措施，奖励那些比别人更努力工作的人。而这样就会引入物质上的不平等。我认为，激励是合理的，因为它能鼓舞大家。如此就能加快经济增长，通过社会保险之类的政策，就有更多物质能被共享。所以，我认为一定程度上的物质不平等是可以接受的。

约翰·罗尔斯曾经提出一个非常有趣的原则，允许某种程度上的物质不平等，同时又限制它。这个原则被称为“差异原则”。该原则基本上是说：“我们允许收入和财富的不平等，前提必须是该不平等能够让最弱势的群体拥有最好的经济前景。”最弱势的群体会喜闻乐见，因为这会让他们的生活变好，而优势群体也能够接受，因为他们也会获得更多。罗尔斯认为，这种允许有限不平等的协议能够被社会契约时代的人们所接受。

亚历克斯·辛德斯：以商业为例，我们通常会把商人及企业主视为优势群体，因为他们在链条顶端为自己赚取利润。但与此同时，他们也通过提供工作岗位和为更广泛的社区提供经济刺激及增长的方式，将弱势群体的经济前景最大化。是不是这个想法？

伊丽莎白·安德森：完全正确。但是，这里有个陷阱。我们需要激励机制来刺激生产，这个论点没错，但是现在已经被带入极端，而激励机制也已经远远超过了“差异原则”所允许的范围。举个例子，你看看高管们能够拿到的补贴，如果完成了某个年度的利润目标，他们能得到上千万美元。这样的激励机制带来的实际结果，就是鼓励高管带着整个企业一起冒着巨大的风险去实现目标，因为对于他们个人而言，失败也没有什么坏处。如果非说有的话，也只不过是鼓励了过于冒险的行为，从效率的角度来看， 这不算件好事。

如果以一个社会学家的视角看，我们会发现，在20世纪50年代，龙头企业的首席执行官们对自己的薪酬已经非常满意，然而他们当时的薪酬比现在少得多。为了鼓励学生从历史的角度思考问题，我很喜欢给他们看一篇极好的文章。

我记得，这篇文章好像是1955年左右在《福布斯》杂志上发表的。当时他们采访了康涅狄格州一家大型保险公司的首席执行官。他们前往他的家里采访，讨论了他的爱好。他有一个可以停两辆车的车库，有一艘小船，度假时会坐船去钓鱼。当时，一家位列《财富》500强的大型企业的首席执行官，基本上过着一种今天看来只是上层中产阶级的生活。我对他当时的薪酬做了消费者价格指数的通缩计算，相当于现在的年薪40万美元。这绝对是美国普通员工的顶级收入水平，但还是远远低于现在那些穿着休闲西服的高管的收入。这样看来，我们似乎并不需要用过度的激励机制来驱动他们。当时即便是最有天赋的人，也可以从比现在少得多的收入中得到满足。

亚历克斯·辛德斯：据我所知，您现在正在写一本关于平等主义历史的书。我们从哪里可以找到平等主义这个概念及其理想的起源？随着时间推移，平等主义又发生了怎样的变化？

伊丽莎白·安德森：人类学家告诉我们，平等主义最初就已经有了，采集–狩猎者就是相当复杂的政治理论家。克里斯托夫·勃姆（当代美国文化人类学家）在解释这个群体为何平等地对待每个人的时候，引用了某个政治理论家自发的政治哲学。他的观点大概是：每个人都想凌驾于他人之上，但是也知道做不到，所以大家都同意平等地相处。他所表达的是一种非常完美的社会契约观。这是所有人都认同的一个平衡点，他们对自己的选择颇为满意。这种观念非常非常古老，已经深植在我们的思维里。

那么关键的问题来了：不平等是如何出现的？大多数人认为不平等的首要驱动力来自国家的形成。在剩余价值出现之前，很难形成国家。国家成立后，统治者基本上会为自己攫取剩余价值，国家的形成并不是皆大欢喜的事情。人们会发现，有的人被不平等牢牢地困住，因为国家拥有压倒性的集中权力，能调动压倒性的军队力量，消灭那些崇尚平等主义的采集–狩猎者和部落社群。他们征服了大部分世界，然后，我们似乎就被不平等的国家困住了。

亚历克斯·辛德斯：那我们要如何从中逃脱呢？

伊丽莎白·安德森：这个问题……民主的目的就在于此。人们逐渐意识到，国家的权力取决于人们服从政治领袖的意愿。如果有足够多的人认为他们的领袖在滥用特权，并且不满于现状，那么他们就可以设法组织抵抗，也许会要求个人权利、公正的分配等。如此，我们就有了民主的起源。这是一条通往平等社会的道路，但是规模更大、更复杂，以国家为基础，而且有着精确的劳动分工。

亚历克斯·辛德斯：从权力的角度来看，有个很好的例子展示了人们是如何争取不平等的再平衡的，那就是女权运动。我想，您既研究哲学，又研究女性，对于这个话题应该有很多话可以说。在平衡、正义和平等等方面，女权主义是如何与平等主义的观念相互联系的？

伊丽莎白·安德森：这是一个极好的问题，如果我们深入地探索人类的历史，就会发现，最早出现的基于群体的不平等就是性别不平等。即便是采集社会，不同群体之间在性别平等上也有很大差别。有的群体在性别上相当平等，但是有的群体里，你可以看到原始的性别分工带来的高度的家庭暴力。女人照顾孩子，这让她们在很多方面更容易受到侵害。比如说，因为她们花了很多时间照顾孩子，所以没有办法为家里贡献肉类食物。

虽然性别不平等是最早出现的基于群体的不平等，但是女性主义的兴起也经过了很长的时间；同样，女人能够以“女人”的身份形成组织，争取平等权利，也经过了很长的时间。女性主义的起源最早追溯至17世纪左右的欧洲，女性开始为自己发声，与读写能力的提升有一定的关系。当时，所有人都开始学习如何阅读，女人也不例外。学会阅读是一个重大的事件，它带给人们力量。阅读让人们接触到知识，学会交流，形成和分享观点，也让人们比不会阅读的时候更加自信地思考。一旦女人们开始为自己思考，并且相互交流，她们就可以聚在一起，提出需求。

对于所有平等主义者来说，关键在于他们的下属群体能够团结一致、集体行动，这样才能推动平等主义的进程。

亚历克斯·辛德斯：我们刚才讨论过，如果说平等是平等主义者的基础，那么我们是否应该努力用完全一致的方式对待每个人？或者说，用这种方式去获得平等，是否有实实在在的风险，比如没有考虑人类天生的差异？

伊丽莎白·安德森：是的，我们不可能用完全一样的方式对待每个人。人们在各个维度上的差异都需要不同的待遇。就拿年龄来说，你不能像对待成年人一样对待孩子，因为那样对他们不好；还有，我们当然应该尽力为残障人士提供便利，诸如此类。所以，我认为完全相同的待遇不是思考平等的正确方式。有一种可行的方式，是平等地尊重每个人。我们可以给予每个人最基本的尊严感，并且承认他们平等地享有基于自身行为提出要求的权利。如果你做出的决定会影响某些人的权益，那么他们的权益应该和其他人的权益等同。这种思维方式和下述的认知一脉相承：在一个劳动分工的组织里，根据职位、技能等，不同的人会得到不同的任务安排。这样做没有任何问题，因为团队工作就是要这样。

亚历克斯·辛德斯：思考这些平等主义观点的时候，我相信对大多数人来说，平等显然是件好事……但是永远会是这样吗？不平等是否永远是不好的，或者说，在哪些情形中，不平等也是可以接受，甚至是人们想要的呢？

伊丽莎白·安德森：这里我想表达一些反对精英教育的观点。我们生活在一个假装精英辈出的时代，人们认为每个身居高位的人都是凭借自身的才能得到了现今的职位。我认为这个完全是胡说八道。这些人中的大部分都是含着金汤匙出生，被拥有高度特权的父母送到优质的学校，然后顺风顺水地走到今天。所以，我并不喜欢精英阶层。即使在第一代，你能够完全按照他们完成工作的能力给他们分配工作，但那些受过更好的教育、得到更多尊重的人，会

如果我们深入地探索人类的历史，就会发现，最早出现的基于群体的不平等就是性别不平等。

晋升到更高的职位；到了下一代，他们会把这样的优势传给他们的孩子。比如，演员的父母通常也是演员，医生家庭出身的孩子更有可能成为医生，这些并不是恰好被你看到的巧合，因为几乎每种职业都有一条内部渠道。通过自身努力成为精英的想法实际上并不现实。

从平等主义的角度来看，我们想要的是开放机会，中断代际特权传递。这就需要打开更多通向成功的道路，尤其要极力地反对父母为子女购买特权的企图。你应该也看到了震惊美国高等学府的招生丑闻，以精英主义标准行事，这是彻头彻尾的可耻之举，但也是完全可以预见的，因为这就是父母会为孩子做的事情。

亚历克斯·辛德斯：在过去的几个世纪，平等已经走了很长一段路。在21世纪，我们似乎在一些最为迫切的问题上取得了真正的进展，例如奴隶制、种族主义和女性权利。但是，我们是否仍然生活在一个失衡的世界里？不平等真的在加剧吗？这些问题是否亟待解决，需要我们持续地进行抗争？

伊丽莎白·安德森：确实是这样，因为特权阶层的人想垄断机会。他们想为自己和自己所在的群体保存机会。因此，总的来说，我们发现不平等极大地推动了独特的社会群体身份的出现（个体可能同时属于多个群体——基于民族、种族、宗教、种姓，当然还有性别）。特权群体渴望为自己保存机会，不与其他人分享。

保存机会的方法就是增强对自己独特社会身份的认同感，并在自己的身份与其他身份之间划清界限。从这个意义上说，不平等推动了身份政治的出现。但是，一旦围绕这些身份建立了等级制度，那么下属群体、弱势群体就需要团结联合起来，寻求身份认同，以维护自己的权益，并向前迈进。我们看到，双方都身处身份政治中，但总是从上层开始的。

亚历克斯·辛德斯：这似乎有一种奇怪的讽刺意味，解决因身份政治而起的不平等现象，以及处理不同的小群体和群体之外的人，可能只会让弱势群体更加清晰地定义、强化自己的群体身份。

伊丽莎白·安德森：有时你必须以毒攻毒。但是，从平等主义的观点来看，这仅仅是一种策略，而不是最后的落脚点。最终的目的不是要把整个世界点燃，而是要扑灭这场大火。小马丁·路德·金所谓的“心爱的社区”涉及所有人对人性共同点的深入认识。被压迫的群体需要团结起来维护自己。但是，每种民主社会运动都有联合同盟，与其他群体一起建立更加平等的社会，这是我们所有人的集体计划。N

政治与性别平衡

只有不到15%的国家或地区是由女性统治的，这已经是有史以来最高的百分比，大多数国家从未选举过女性领导人。

从未产生过女性领导人的国家（截至2019年）	
美国	叙利亚
伊朗	巴布亚新几内亚
俄罗斯	日本
沙特阿拉伯	匈牙利
希腊	摩洛哥
南非	埃塞俄比亚
墨西哥	意大利
瑞典	荷兰
西班牙	比利时
埃及	法国

世界范围产生过女性政府首脑的国家的数量（截至2019年）

1960年之前：0　　1960年至今：60+

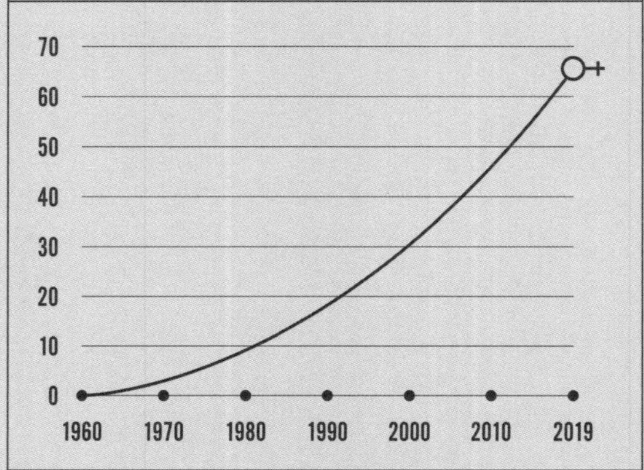

1960年代

地点｜斯里兰卡
姓名｜西丽玛沃·班达拉奈克
时间｜1960年7月21日
任期｜4年249天

地点｜印度
姓名｜英迪拉·甘地
时间｜1966年1月24日
任期｜11年90天

地点｜以色列
姓名｜果尔达·梅厄
时间｜1969年3月17日
任期｜5年78天

1970年代

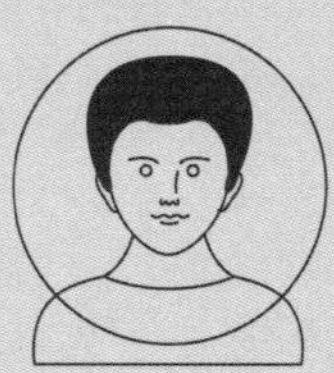

地点｜阿根廷
姓名｜伊莎贝尔·庇隆
时间｜1974年7月1日
任期｜1年267天

地点｜葡萄牙
姓名｜玛丽亚·平塔西尔戈
时间｜1979年8月1日
任期｜186天

地点｜英国
姓名｜玛格丽特·撒切尔
时间｜1979年5月4日
任期｜11年208天

在20世纪70年代还有：
玻利维亚（莉迪娅·盖莱尔·特哈达，1979年）

在20世纪80年代还有：
多米尼加（尤金妮娅·查尔斯，1980年），前南斯拉夫（米尔卡·普拉宁茨，1982年）

在20世纪90年代还有：
立陶宛（卡济梅拉·普伦斯克涅，1990年），海地（埃萨·帕斯卡尔·特鲁罗，1990年），孟加拉国（卡莉达·齐亚，1991年），布隆迪（西尔维·基尼吉，1993年），圭亚那（珍妮特·贾根，1997年），巴拿马（米雷娅·莫斯科索，1999年）

在21世纪第一个10年还有：
芬兰（安内莉·耶滕迈基，2003年），马其顿（拉

1980年代

地点 | 挪威
姓名 | 格罗·哈莱姆·布伦特兰
时间 | 1981年2月4日
任期 | 252天

地点 | 菲律宾
姓名 | 科拉松·阿基诺
时间 | 1986年2月25日
任期 | 6年126天

地点 | 巴基斯坦
姓名 | 贝娜齐尔·布托
时间 | 1988年12月2日
任期 | 1年216天

1990年代

地点 | 尼加拉瓜
姓名 | 比奥莱塔·查莫罗
时间 | 1990年4月25日
任期 | 6年260天

地点 | 加拿大
姓名 | 金·坎贝尔
时间 | 1993年6月25日
任期 | 132天

地点 | 新西兰
姓名 | 珍妮·希普利
时间 | 1997年12月5日
任期 | 2年整

2000年代

地点 | 印度尼西亚
姓名 | 梅加瓦蒂·苏加诺
时间 | 2001年7月23日
任期 | 3年89天

地点 | 德国
姓名 | 安格拉·默克尔
时间 | 2005年11月22日
任期 | 13年以上（现任）

地点 | 智利
姓名 | 米歇尔·巴切莱特
时间 | 2006年3月11日
任期 | 4年整

2010年代

地点 | 澳大利亚
姓名 | 朱莉娅·吉拉德
时间 | 2010年6月24日
任期 | 3年3天

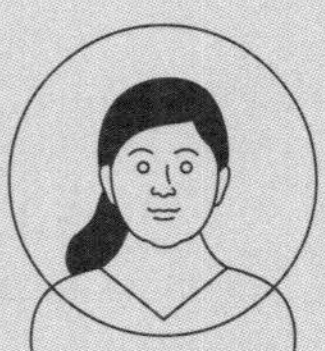

地点 | 泰国
姓名 | 英拉·西那瓦
时间 | 2011年7月3日
任期 | 2年308天

地点 | 塞尔维亚
姓名 | 阿娜·布尔纳比奇
时间 | 2017年6月29日
持续时间 | 2年以上（现任）

德米拉·谢凯琳斯卡，2004年），莫桑比克（路易莎·迪奥戈，2004年），乌克兰（尤利娅·季莫申科，2005年），牙买加（波蒂亚·辛普森·米勒，2006年），利比里亚（埃伦·约翰逊-瑟利夫，2006年），韩国（韩明淑，2006年），摩尔多瓦（齐奈达·格雷恰尼，2008年），克罗地亚（亚德兰卡·科索尔，2009年），马达加斯加（塞茜尔·马努鲁汉塔，2009年）

在21世纪第二个10年还有：
哥斯达黎加（劳拉·钦奇利亚，2010年），吉尔吉斯斯坦（罗扎·奥通巴耶娃，2010年），斯洛伐克（伊维塔·拉迪乔娃，2010年），特立尼达和多巴哥（卡姆拉·佩萨德-比塞萨尔，2010年），巴西（迪尔玛·罗塞夫，2011年），丹麦（赫勒·托宁-施密特，2011年），马里（西塞·玛丽娅姆·凯达玛·西迪贝，2011年），马拉维（乔伊斯·班达，2012年），斯洛文尼亚（阿伦卡·布拉图舍克，2013年），拉脱维亚（莱姆多塔·斯特劳尤马，2014年），毛里求斯（阿米娜·菲尔道斯·古里布-法基姆，2015年），纳米比亚（萨拉·库冈吉尔瓦-阿马蒂拉，2015年），尼泊尔（比迪娅·戴维·班达里，2015年），爱沙尼亚（克尔斯季·卡尤莱德，2016年），马绍尔群岛（希尔达·海妮，2016年），缅甸（昂山素季，2016年），罗马尼亚（维奥丽卡·登奇勒，2018年），巴巴多斯（米娅·莫特利，2018年）

正义与权力必须互相结合，如此才能确保正义拥有强大的权力，而权力也拥有强大的正义。

布莱士·帕斯卡（17世纪法国神学家、数学家、物理学家）

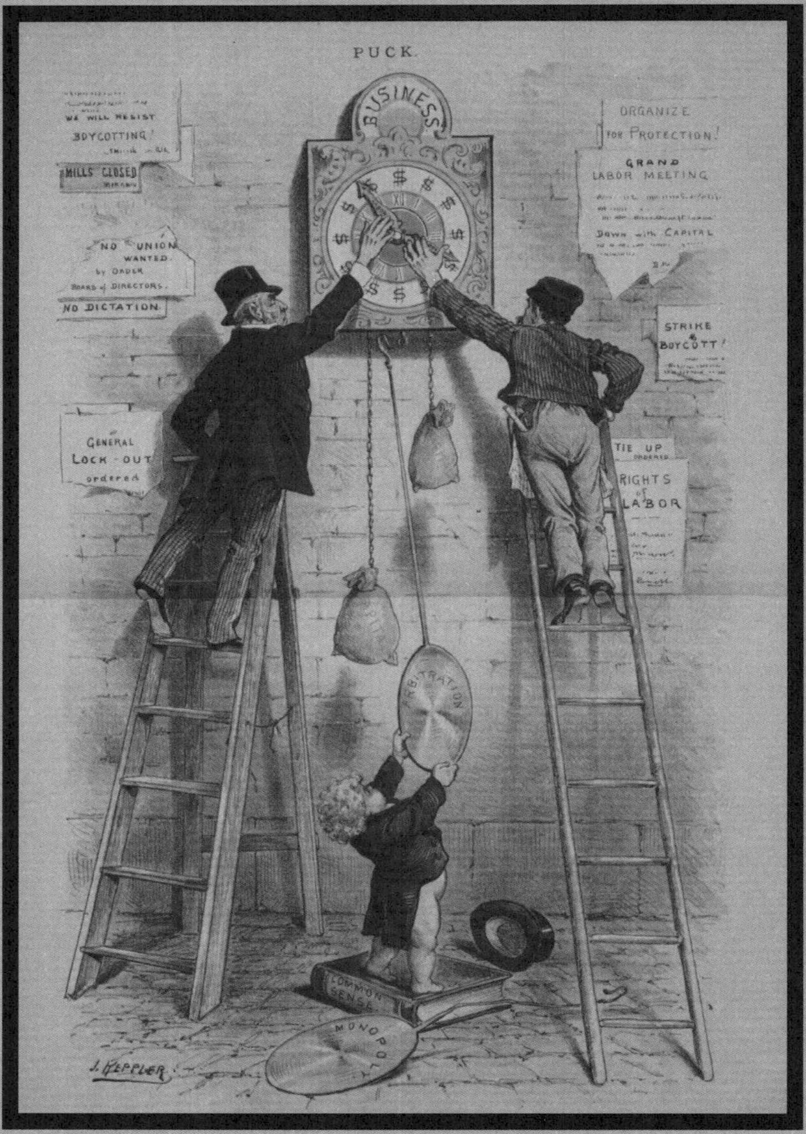

《仲裁是权力的真正平衡》，约瑟夫·费迪南德·开普勒，
1886年，美国国会图书馆

无知之幕背后

安德烈·陶

点开绝大多数关于司法系统的文章，或是踏入任何一所高级法院，必定能看到同样一个形象：被蒙住双眼的女人伸出的手里拿着一架天平。正义女神（古罗马人称她为朱斯提提亚，古希腊人则称她为忒弥斯或狄刻）逐渐开始代表我们对于正义的常识性直觉。正义是什么？又应该是什么？是公正，是平衡，简而言之，是公平。

这个无处不在的形象实实在在地告诉我们，正义与公平之间的联系不容置疑。不过，这样的联系掩盖了一个由来已久的看法，即正义无非就是强权者压制其他人的游戏。愤世嫉俗的人说，正义传达的只是一套规则，旨在让系统的运行对规则的制定者更为有利。就像塞拉西马柯在柏拉图的《理想国》里所说的那样，正义"只不过是强者的利益"。

为了反驳"正义女神的天平仅仅是个装饰"的观点，我们可能不得不求助于她的另一个道具：眼罩（实际上，是将眼罩上升为哲学的幕布）。

正如20世纪的哲学家约翰·罗尔斯所主张的那样，为了使正义的概念保持平衡——不向生来就拥有遗传、经济或社会特权的人倾斜，我们就需要在"无知之幕"的背后思考正义。罗尔斯说，具体来讲，正义的社会需要由自由、理性的人在一种假设的"原初状态"下设计而成。在这个社会里，人人平等，而且没有人能知道他们在社会中的最终地位。实际上，在无知之幕背后，我们几乎对自己一无所知——既不知道我们的政治或个人偏好，也不了解我们的自然资产和禀赋，比如智力和力量。

插图：艾达·诺瓦，卡洛斯·伊根

蒙着双眼，我们——至少根据罗尔斯的说法，会选择两个原则来构建我们的正义社会：首先，我们会确保基本权利和义务的平等分配，例如言论自由和投票权；其次，只有在机会均等的条件下，所有的部门与职位对所有人开放，社会和经济的不平等才能算得上是正义的。这基本上意味着，相较于才华相当、同样上进的富家子弟，寒门子弟应该享有同等的教育或经济机会。

到目前为止，一切仍然平衡。如果我们只读了罗尔斯的这些理论，那么我们可以想象，正义女神的天平只有在我们出生的时候才会出现，确保我们被赋予同等的政治权利，并享有根据我们的才能分配的平等机会。然而，罗尔斯的第二个正义原则还有第二部分：只有为每个人，尤其是为社会中最为弱势的群体提供补偿性利益，社会和经济不平等才算得上是正义的。

这才是事情变得有趣且复杂的地方。罗尔斯称其为“差异原则”。这意味着简单的“平衡”社会的概念，即严格地遵循平等主义，让每个人获得相同的经济份额，并不一定是最为正义的社会。相反，正义允许人们拥有不同的才能和动机，而这些才能和动机又可以使所有人受益。换句话说，我们的经济份额可以不相等，只要整个饼足够大，大到最小的份额仍然大于任何其他社会安排（包括平等主义）的份额。

尽管差异原则容忍了不平等，但它引以为傲的道德优势带来了一股社会凝聚力，因为差异原则下的经济制度最终会为每个人的利益服务。正如罗尔斯所说，“在正义即公平的社会里，‘人们’同意分享彼此的命运”。

如果这些理论听起来颇为耳熟，可能是因为我们常常能听到它的某个版本。有时候，政客或评论员会用这个理论谈论经济增长的普遍利益。例如我们听过，有人用它来证明首席执行官的巨额薪酬或者跨国公司的巨额利润是正当的——只有慷慨地对才华横溢的赚钱者给予报酬，我们每个人的饼才会越变越大。

不仅主张滴漏论（认为富人的财富增加会逐渐惠及穷人的理论）的经济学家这样认为，罗尔斯的正义理论也反映了国际人权法中的一种划分。在该划分中，类似于罗尔斯的“基本权利和义务”的“公民权利和政治权利”被视为人权的“第一代”，必须严格遵守。与此相反，考虑到每个政府的经济资源，社会和经济权利是“第二代”权利，仅须“逐步实现”。

即使这些年来最为弱势的群体在生活的绝对状况上有所改善，但极端不平等仍然在破坏社会的根基。

正如法律历史学家塞缪尔·摩恩所指出的，这种分裂的结果是，自20世纪70年代以来，人权运动就完全失去了它曾经拥有的平等主义精神——经济和社会权利被解释为对最低标准的要求，而不再是解决不平等的问题。摩恩表示，证据就在统计数字里。在过去的40年中，世界各地的贫困问题得到了前所未有的缓解，然而不平等的现象也在急速加剧。

好吧，你可能会问，那又怎么样呢？也许罗尔斯是对的，只要最贫困的人群真的能过得更好，不平等本质上并没有道德问题，也许正义女神的天平只是转移了我们的注意力。然而，只要大致了解一下民主国家中民粹主义的兴起，我们就会知道，不平等远非与正义无关。至少，罗尔斯的"差异原则足以维持社会统一"的理论似乎与当今世界格格不入。经济不平等似乎成了权利剥夺和纷争的原动力。简而言之，即使这些年来最为弱势的群体在生活的绝对状况上有所改善，法国当代经济学家托马斯·皮凯蒂所分析的那种极端不平等，仍然在破坏社会的根基。

这就是为什么一些人权专家，例如联合国赤贫与人权问题特别报告员菲利普·阿尔斯顿，一直反对所谓的"第二代"经济和社会权利的边缘化。尽管传统的维护人权的方法避免了税收等棘手的问题，但阿尔斯顿已经清楚地意识到，财政政策，实际上也包括任何影响潜在的财富再分配的政府政策，都与人权息息相关。

毕竟，正义女神和她的天平如此深入人心，必定有其缘由。这不仅仅是因为事实就像塞拉西马柯所说的那样，当权者发现正义的理念能为他们的统治提供便利，更是因为平衡（包括某种经济平等）对于大多数人的正义感而言至关重要。在西方持续的政治动荡之中，对于那些忘记将不平等本身视为问题的人，这一点值得牢记。N

照片：《跳牛飞人》，希腊克诺索斯

六位思想家

平衡

教育家

孔子
公元前551—前479

中庸

天命之谓性，率性之谓道，修道之谓教。道也者，不可须臾离也；可离，非道也。是故君子戒慎乎其所不睹，恐惧乎其所不闻。莫见乎隐，莫显乎微，故君子慎其独也。喜怒哀乐之未发，谓之中；发而皆中节，谓之和；中也者，天下之大本也；和也者，天下之达道也。★

★《中庸》非出自孔子，为儒家经典。

神秘主义者

西蒙娜 · 薇伊
1909—1943

均衡的概念

单纯的均衡会摧毁和废止力量。社会秩序可以仅仅是各种力量的均衡。正如不应期待一个缺乏慈悲心的人会公正，我们也应该如此组建一个社会，其中的不公正会通过无休止的动荡而惩罚彼此。单纯的均衡，会将力量削减殆尽。如果我们知道社会是如何变得不平衡的，就必须尽力在天平较轻的一端添加砝码。尽管砝码本身可能包括恶，但如果有意为之，也许我们就可以避免被玷污。但我们必须形成均衡的概念，并且永远准备像公正那样变换立场，如同“那个来自征服者阵营的逃亡者”。

僧侣

释迦牟尼
公元前563—前483

中道

于是，佛告诸比丘：“世间有二事堕边行，行道弟子舍家者，终身不当与从事。何等二？一为念在贪欲无清净志，二为猗着身爱不能精进。是故退边行，不得值佛道德具人。若此比丘不念贪欲着身爱行，可得受中，如来最正觉得眼得慧，从两边度自致泥洹。何谓受中？谓受八直之道，一曰正见，二曰正思，三曰正言，四曰正行，五曰正命，六曰正治，七曰正志，八曰正定。”

平衡、均衡、平等、公平——自从人类群体初现，个体和社会就在为之奋斗，哲学家也自始就在与之抗争。下文是六位思想家关于平衡的观点。

政治理论家

汉娜·阿伦特
1906—1975

稳定性的架构

人类对变化的渴求和对稳定的需要，总是在相互平衡和抑制。我们的现有词汇区分了两派：激进派和保守派，分别指代一种失去平衡的事态。文明是人类世代居住在其中的人造产物。而任何文明唯有拥有稳定性的架构才成为可能，此架构能够容纳不断的变化。稳定因素中最重要的，并且比习俗、习惯和传统更为持久的，就是法律体系，它规定了我们在生活中要遵守的规范。

伦理学家

亚里士多德
公元前384—前322

不足和过度

首先，我们必须考虑如下事实：根据其本性，道德品质会因不足和过度而被摧毁，正如我们在健康和力量中所见的那样（因为我们必须利用可见事实作为证据，来解释不可见的事实）。过度和不足的锻炼，会摧毁一个人的力量；而过多和过少的饮食，会摧毁健康，但适度的锻炼，却可以带来健康，并不断强化和保持下去。节制、勇敢以及其他美德也是同理。躲避、惧怕一切，任何事都不敢站出来的人，会成为懦夫；而根本不惧怕任何事物，碰见任何危险都冲上去的人，会成为莽夫。同样的，沉溺于享乐而毫不节制的人，会成为纵欲者；但如果像粗野者一样行事，拒绝任何享乐，他就是典型的麻木无感者。因此，节制和勇敢，会被过度和不足摧毁，但会因适度而维持。

唯物主义者

德尼·狄德罗
1809—1882

一个瞬间的秩序

这个世界是什么？是一个复杂的整体，屈从于无穷无尽的变革。所有这些变革，都在反复展现一种毁灭的倾向，一种彼此柜继的存在者的快速更替、前进和消失，一种转瞬即逝的对称，一个瞬间的秩序。我刚刚责备过你无法通过自身能力来准确预估事物的完美性；现在我可能会指责你无法根据自身时间来准确计算事物的持续时间。你断定世界必然持续存在，正如一只短命的昆虫也可能会断定你持续存在。世界对于你来说是永恒的，正如你对于只能生存瞬间的存在者也是永恒的。但是昆虫比你更理智。你的永恒，需要多少短生世代的相继才能见证！这一传统无法计量！但我们都将逝去，既无法拥有在空间中我们所占据的真正广延，也无法拥有我们持续的确切时间。时间、物质、空间——无论任何事物，都不过是一个点而已。

平衡之道

受访者：迈克尔·普鸣
采访者：奈吉尔·沃伯顿

奈吉尔·沃伯顿： 从客观角度来看中国哲学，平衡——尤其是道家的平衡，似乎是一个关键的概念。它是力量的平衡，至少传入西方的观点是这样的。这种观点准确吗？平衡是否在中国哲学中有着重要的地位？

迈克尔·普鸣： 确实如此。它之所以是中国哲学重要的组成部分，关键原因之一是，在中国有一个首要假设——世界由不断流动的能量组成，混乱不堪。这些能量通常十分不同，具有不同的形式。因此，在这个能量恒定的世界里，事物之间经常以不良的方式不断碰撞。如果具体到人类，这会变得尤其糟糕，因为他们也属于这种杂乱的事物，内部涌动着大量不同的能量，与其他拥有大量不同能量的混乱事物（即其他人类）互相作用，彼此间往往会产生激烈的争斗。

因此，关注平衡的大背景是，你将人类在其中互动的世界理解为一个永远处于冲突的危险中的世界。在这里，混乱总是以不良的方式与其他混乱互相争斗。如果这是你的首要担忧，那么你要做的就是学会与这些互相竞争的力量和谐相处，并且物尽其用。不是让这些力量消失，也不是要将它们边缘化。你要利用这些不同的力量，将它们联系起来，然后走向繁盛。在那里，才能最终到达平衡。这个理念是，你要寻求的一个目标是平衡这些不同的力量，无论在多长的时间内，不要让任何力量占据主导地位。

奈吉尔·沃伯顿： 这真的很有趣，因为一个天平的模型有两个秤盘和一个支点，只需要找到两种事物之间的平衡点。但是根据你的描述，平衡听起来好像还有很多其他的方面。

迈克尔·普鸣： 没错！还有许多方面。这也是我觉得西方通常没有完全理解的一个方面，因为很多人都觉得能量的分类主要有两大类：阴和阳，这个部分是正确的。如果将阴想象为女性，说着“我很冷”，那么阳就是热，是男性。听到这种说法的时候，我们常常会想：“哦，所以这意味着有两种能量，就像只有男性和女性两种性别一样，整个世界都被分为两部分。”正如你所说的，这仅仅是平衡这两种事物的问题。但是当然，对于中国哲学而言，真正重要的是这些类别由上而下应用在方方面面，并不断交融。

也就是说，我作为男性，不是说我就是由阳能量组成的，而是我具有更多的阳能量，这就是为什么我是男性，但是我也有大量的阴能量，而且是复数的能量。更重要的是，这些能量会相互作用。我体内有各种各样的能量，其中有一些是阳，有一些是阴，它们也在相互作用。与此同时，我与其他人互动，也是在与他们的阳和阴互动。因此，并非真的只有两种事物需要平衡，你实际上在平衡多种多样的、完全不同的力量。

奈吉尔·沃伯顿：所以，要理解这个问题，是不是也可以类比其他一些成对的概念，比如愤怒与渴望，这些概念又依附于什么而存在呢？

迈克尔·普鸣：完全正确。它们可以依附的一样东西就是我们所说的情感。所以如果我生气了，用这种思维方式来解释所发生的事情，就是我体内的阳形式的能量爆炸了。当然，这意味着如果有过多的、可以被我们称为愤怒的阳，我会变得过于激进，不再能看到情况的复杂性，因为我会被激进的愤怒能量淹没。因此，我需要用更温和的能量形式来平衡它。所以，面对我的愤怒，我会用更多的阴去平衡它。这只是个人内部的平衡，但是如果人们要和状态如此糟糕的我打交道，他们会尝试做点什么以找回平衡——设法平息这种压倒性的愤怒，或者设法让我的体内产生更多的阴能量。

奈吉尔·沃伯顿：正在阅读这段文字的人无法看到你的手势，但是当你描述它时，你好像是在施展某种武术。因此，人与人之间的关系，就是让能量朝着积极的使用方式转换，就像某种……我不知道……在某种功夫之类的东西里，你会吸纳一些朝你而来的能量，让它不再具有攻击性，而不是单纯地对抗它。

迈克尔·普鸣：正是如此。以柔道为例，它在中文里的意思是“柔软之道”，它的目标，也就是武术的关键诀窍，的确是尝试感知另一个人的能量，要么与这些能量和谐相处，物尽其用，要么在他们攻击你的时候，利用这些能量来反击。因此，在您提到的这种典型例子中，如果有人对我表现出攻击性，那么根据这种思维的定义，他们过于依赖阳，这会导致他们有点过分激进，略微超出了他们所拥有的能量源。我会试图把握住这一刻，利用他们用来攻击我的能量，转而攻击他们。在柔道中，从字面意义上讲，假设有人试图猛地冲向我，我只需要转换我的身体位置，利用他的力量，就可以把他从我身上甩过去。

迈克尔·普鸣，照片：查尔斯·K.迈克尔

奈吉尔·沃伯顿：所以，我在试图了解您所感受到的不同方面。那么，举例来说，我们是否有可能成为一个平衡的人，即在这两种力量之间保持总体平衡，同时又在某些方面，其中一种能量多于另一种能量？关于这一点，我们已经谈到了愤怒，但是如果从爱的角度讲，拥有过多的爱……我不知道阴、阳这两种力量中，哪一种会与它联系在一起。另外，在其他一些方面，比如愤怒，您又会有另外一种平衡，但是总体上它们相互抵消了。这样有可能吗？还是说，在可见的、现存的阴与阳的各个方面，它们都必须在某个平衡点上达到独立的平衡？抑或是，我们关注的其实是自我的各个方面之间的平衡？

迈克尔·普鸣：以一种奇怪的方式来说，你提到的两种情况都成立，还添加了第三个要素，即时间要素。因此，在不同情况下与其他人打交道，不断地调用你所有的能量时，和你打交道的其他人也拥有非常复杂的能量，不断地涌现出来。此时，如果一种能量长时间占据优势，那么肯定不会把你引向好的方向，任何一种都是。因为任何一种能量如果完全占据优势，则意味着你过于专注一件事物，会看不到其他东西。你会认为……举一个文献里的标准例子，做一个热心的人当然是一件好事。是的，但正确的方式在于你“常常”热心。如果你一直过度热心，那么在某个时刻，你可能会面对一个需要自己更为决绝才能应对的人，一个短暂的瞬间。不过，如果你的态度太过决绝，对那时的情况也可能有坏处。

因此，合理的说法是，在任何情况下，你都会有一组能量短暂地占据优势，但同时你也会逐渐意识到，任何一组能量占据优势的时候，总是会有内在的危险，而你会立刻尝试保持平衡。所以，是的，回到你的问题上来，在某些时候会有占据优势的能量，这甚至是一件好事。但是如果这种情形持续太长时间，将你带入一个这组能量不再适用的情形，总是很危险的。

奈吉尔·沃伯顿：那么，阴阳哲学是道家独有的，还是更为普遍的概念？

迈克尔·普鸣：这对概念其实相当普遍。大量的文学作品中都可以看到它们的踪迹，这些文学作品的焦点是如何养成与这些能量相处的习惯。这一概念确实是在道家和儒家那里得到了发展，原因是面对各种各样的问题（比如道德，如何更好地生活等），无论你最终的哲学立场如何，这都是一个含义极其丰富的词语，能够帮助实践者获得深刻的自我意识，理解我们所有人都拥有的那种复杂、混乱的感情倾向。使用这对术语，你就有了一种非常具体的方式，可以学会感知、使用和完善它们，因此“阴阳”已经成为一种跨越中国不同的思想、无所不在的语言。

奈吉尔·沃伯顿：那么您了解到的也是这种语言吗？现实中，有人在这个框架里用它描述别人吗？

你不应该这么想：“我有一些‘自我’内在的性格特点，我应该接受它们”，而应该这么想：“不，我只是拥有不同能量的一团混乱，和所有人一样，因此我可以成为一个更平衡的人。”

迈克尔·普鸣：哦，非常常见。你可以用它形容人，也可以用它描述食物。所以，如果你正在用餐，有时候也会遇到有一点不平衡的状况。这并不是因为（比方说）食物太辣，而是因为它太辣且没有与其他食物保持平衡。因此，如果你正在吃一道阳气较高的菜肴，那么你会想用另一道可以适度调和的菜肴来平衡它。当然，在这一点上，你也可以将时间纳入考虑——在用餐的某个时段，我会提供这道阳气非常非常非常强烈的菜肴，然后在你吃完之后，马上用口感更加温和的菜肴加以平衡。所以说，你可以用这种方式谈论人，谈论食物，谈论各种各样的情况。

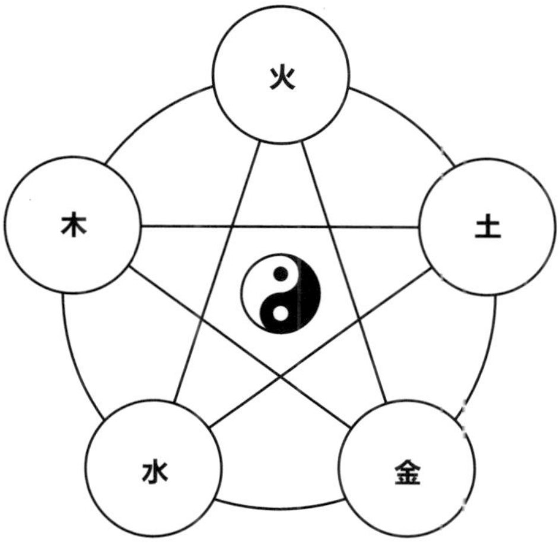

除了阴和阳的能量，我可能还会加上另一种分类方法，将能量按照强度的级别分类。你可以有高能量时刻、低能量时刻，或是高能量状态、低能量状态。你可以拥有高度完善的能量感觉，也可以拥有低度完善的能量感觉，后者意味着你对周围情况的反应较慢。因此，你会学到许多不同的形态，在任何既定的情况下，你总是会注意到它们，并且试图用其他的形态平衡它们。

奈吉尔·沃伯顿：那么，这种能量与阴阳不同吗？还是说，它是对阴阳的描述？

迈克尔·普鸣：我们可以把阴、阳看作给这些不同的能量分类的一种可能的方式。它是一种非常有利的分类方式，但是你也可以按照完善程度进行分类。比如，空气是一种高度完善的能量。淤泥本身也含有能量，但是在完善程度的频谱上，它的位置低。这种思维方式非常有用，原因是人类拥有一些完善程度更高的能量，但也有不太完善的能量。我们的生活方式可能会有危险，因为我们可能会浪费我们的高度完善的能量。而我们的目标正好与此相反，是要养成习惯，让我们能够在字面意义上给自己补充能量，也就是得到更多高度完善的能量。因此，如果你能在这种思维方式里感受到高度完善的能量，你就可以用以实践、训练自己，让自己更能常常补充高度完善的能量。不过，和刚才一样，过多高度完善的能量在某些情况下也是件坏事，正因如此，你需要平衡。

奈吉尔·沃伯顿：那么，你谈到了空气和淤泥。说起能量，我会想到那些能让我感觉强大的事物，或是那些让我兴高采烈的事情。显然，对每个人来说，呼吸空气都是这些活动的前提。是因为这个，所以空气是高度完善的能量吗？还是说与此无关，只是因为某些中国哲学家对空气所做的形而上学的假设？

迈克尔·普鸣：在一定程度上是因为后者。广泛的形而上学有一部分会将我们头顶的上天看作高度完善的能量。因此，假如神灵存在于天上，并被具象化，成为拥有超越常人的高度完善的能量的形象，能够目视千里、耳听八方，与其他神灵和自然力量完美地交流与应答，这意味着他们是高度完善的能量。而下方就是大地。比方说，我们再次使用淤泥的例子，它是非常低度完善的能量，淤泥没有活力，没有生机，肯定不能倾听，不能言语。它不会回应任何东西，也许会对池塘有所反应，我可以站上去，也可以移动它，但是它不会回应我。而回到你刚才的问题，空气当然更为神圣，淤泥则属于尘世。

而这些事情这么重要的原因是，人类正好处于二者之间。我们有生命，因此可以算是有生机；我们有意识，可以看，可以听，但是通常看得没有那么清楚，这里的意思是，以一种有效的方式看待我们周围的世界。我们听得也不是很清楚，以有限的方式、从特定的角度去听。因此，基因自我培养的目标就是将自己训练得更接近上天的神灵，不是吗？更加有生机，更加有活力，看得更清楚，听得更清楚，对我们周围的世界反应更敏捷。我们是人类，因此我们永远无法成为神，但是我们的目标是在生活的方式上更加接近神。

奈吉尔·沃伯顿：如此，您会觉得对于那些用更加科学的方式看待世界的人来说，这种思维方式会有帮助吗？从某种意义上而言，淤泥之下的东西，也许是煤，也可能有高度完善的能量。而上方，空气稀薄的地方也许只有低度完善的能量，如果按照我们能用它产生多少能量的标准来说，太阳显然有很多能量。这是概念化这个世界的一种非常不同的方式。探索这个有用吗？还是说，我们应该将其看作中国形而上学一个有趣的特点，以某种超越科学的方式划分这个世界。

迈克尔·普鸣：我觉得这种思维方式非常有用。具体来讲，让我从“人类”开始，然后再转向更宏大的、形而上学的世界。

从人类的角度来说，这非常有价值。我觉得我们会掉入的危险区之一，尤其是在近代西方的，我们往往认为拥有某种预先给定的“真实”的自我，从这个角度来看，我可能会称之为“危险”。这里有个自我，如果我以某些方式行动，那就是我，那就是真正的我，我应该学会爱自己、拥抱真正的我。当然，从能量的角度来看，你永远不该这么想，因为你现在感觉的方式也许只不过是一组能量的作用（假设它们的作用通常很糟糕），那么问题就是如何养成习惯，做出改变。因此，你不应该觉得：“我有一些‘自我’内在的性格特点，我应该接受它们”，而应该这么想：“不，我只是拥有不同能量的一团混乱，和所有人一样，因此我可以成为一个更平衡的人，就像我周围的那些人一样。我可以与周围的人一起努力让情况变得更好。”所以，对于人类来说，这样想绝对是有帮助的。

不过，我们现在再回到关于形而上学的问题上。我觉得在理解更为广阔的宇宙的时候，我们很容易相信相似的理念。我们很容易掉入一种危险，将这个世界解读为由基础物质构成的世界，而那些物质就是它们的样子——遵循着清晰、自然、不变的规律。如果理解了那些规律，我们就理解了那些物质是什么，理解了是哪些力量在决定它们的互动。现在，在某些思维方式里，毫无疑问，这样理解非常有效，它带来了科学里的一种简化的方法。可是，危险当然存在，就是它强迫你相信这个世界的的确确是由那些基础物质构成的，有清晰可循的自然规律掌控着它们的互动。而我认为，我们应该怀疑这一切可能只是错误的观念。当然，我们知道，在量子层面它就是错的。那么，它有没有可能在更深的层面也是错的呢？

想象一个世界，像我们在中国的形而上学里看到的那个颇为适用的世界，它一直充满无限的、互动的能量，但这些能量最终无法完全达到概念化的层面。因此，你不会找得到清晰的可以定义一切的自然规律。你可以通过互动模式来描述它。但是当然，一旦使用了“互动模式”这个表达，你就可以问：“这些模式总是有利的吗？有没有什么办法利用这些模式，让我们和广阔的自然界的其他方面更富成效？”和从人类的角度出发一样，一旦你提出这个问题，就会提出下一个问题：我们是否能改变那些在其他情况下认为的既定不变的事实？我觉得用这种方式思考肯定特别有效。

奈吉尔·沃伯顿：您谈到了习惯★——我知道，中国哲学与培养习惯紧密相连，以改变我们看待事物的方式，尤其是在道德领域。有没有什么习惯和具体的文本或学派相关，让您觉得对个体达到平衡状态至关重要呢？我想有些读者可能会有兴趣探索中国哲学。您能为他们提供一些指引吗？有哪些文本或事物像您所描述的那样可以让他们醍醐灌顶，决定以不同的方式活在一个更加平衡的世界里？

迈克尔·普鸣：当然有。我特别想推荐，也确实是在写这种习惯的是《管子·内业》。它有一个很好的英文译本，是哈罗德·罗斯翻译的。这篇文章也是世界上最早的文章之一，大约写于公元前4世纪。它试图真正找到用不同能量的状态来思考世界的方式可能带来的结果，这在中国也算是最早的。这篇文章的重点正是我们可以开始参与的习惯，它的论点也常常是我们日常的习惯，比如平息我们的“气”，平息我们高度层面的能量。随着时间流逝，我们慢慢变得越来越累，体弱病多，原本要面对的死亡时间也提前很多。这篇文章想宣扬的最关键的习惯，从字面意义上看是那些教会我们更好地生活的，同样也让我们更有能量的习惯。所以它讲的都是一些初看非常明显的事情，比如学会如何改善饮食、坚持锻炼……

奈吉尔·沃伯顿：我们确实会说“均衡饮食”！

迈克尔·普鸣：没错，没错！绝对至关重要。不过它不只说了这个。这些是我们已经接受的事情。它还说了更多，同样地，我们也会说我们的情绪与世界互动的方式非常危险，我们需要学会平衡那些情绪。学会平衡与周围的人互动的方式，学会不被自己对世界情绪化的反应控制，因为它们会让你过于激动，或者过于兴奋。乐极总会生悲。所以，你要训练自己调控、调整你对世界的反应，这篇文章说你需要从坚持锻炼和改善饮食开始。这是养生习惯的一部分。吃好睡好是我们知道应该做，却通常不会做的事情，而这本书会强调你同样可以将这个看作日常的习惯，学会与情绪波动共处，学会与自己对世界的回应相伴。一旦开始从能量的角度思考问题，你就会发现它非常实用，因为你有了一种非常具体的方法理解这些能量的意思、在使用这些能量的时候能够确切地感受到它们的存在。你在锻炼的时候可以感受到

★ 这里是指中国哲学中的修身养性，通过日常练习养成习惯。

它们的存在，同样在与人谈话、在各种情境下工作的时候也能感受到。

奈吉尔·沃伯顿：这太棒了。这篇文章的作者是谁？它阐述的观点是否属于某个具体的哲学流派？

迈克尔·普鸣：有趣的是，它并不属于任何流派。这又回到你刚才的问题上——这些观念有多么普遍。《内业》只是《管子》中的一章。《管子》内容庞杂，而用“管子”这个名字，只是因为此人（管仲）是春秋时期齐国的国相，这本书据称是在齐国写成的。这章并没有注明作者，只是被称为“内业”。它没有被归为任何一种思想，而只是向我们展示了关于能量的内容。而这《内业》以及其他相关的文本一写出来，同样的说法就在传统中国哲学里普及开来。所以自此之后，大部分人肯定非常熟悉的那些人物（如孟子、郑玄）也开始引用这种说法。不过，它最早似乎来自一场关于修身养性、培养人类身体内部能量的讨论。

奈吉尔·沃伯顿：有没有一个特别的、经常用来形容“平衡”的词呢？形容您想达到的那种状态……

迈克尔·普鸣：有，用得最多的是“和谐”。这个词被翻译成英文之后，带有一点危险的含义。我们听到“和谐”（即harmony）这个词，就会想：“哦，这意味着我们要让万事万物和谐统一，也就是要同化它们。”在中文里，“和谐”的意思恰好相反，他们会告诉你：“不，不是这样。想象一个世界，万事万物完全不同，里面有无穷无尽的能量，却很少相互交流。和谐并不意味着要同化它们，而是要以有效的方式将它们联系起来。”你可以看到，这种构想方式在任何情况下带来的含义都彻底不同了。所以，你是在学习训练自己感受它的复杂性，与之相处，用其工作，并让它们相互联系。这就是中国人所说的“和谐”的真正含义——不是要消除不同，而是要和而不同。

奈吉尔·沃伯顿：我们可以说，比如音乐里的和谐，处理不和谐音符的方式就是随着时间让它们最终化解。在这种意义上，巴赫的乐曲中有许多不和谐音符，但是通常最终都在曲子的结尾处化解了，所以说，时间绝对至关重要。平衡的比喻也非常重要，但不只是平衡——它就像是向量，把向量引向你想要的方向，而不是让它们朝着不同方向散开。

迈克尔·普鸣：没错，这种说法很有意思。回到音乐的比喻，在某种意义上，它会是一部没有结尾的作品，带着各种迥异的音符。你不断地将它们联系在一起，但是永远不会有最终的解法，因为它们会一直变化。某个时刻，你也许抓到了一个完美的方案，然而过了一会儿，你又会发现你之前没有注意到的、某些危险的事物，需要你重新编排一下，才能让这些不同的音调片段再次融合。N

学会不被自己对世界情绪化的反应控制，因为它们会让你过于激动，或者过于低落。

这个应用程序好神奇，会在你过度使用手机的时候提醒你。

无之以为用

老子

三十辐共一毂，当其无，有车之用。
埏埴以为器，当其无，有器之用。
凿户牖以为室，当其无，有室之用。

——《道德经》，公元前6世纪

插图：艾达·诺瓦，卡洛斯·伊根

男人与女人的差异

西蒙娜·德·波伏娃

仅仅改变法律、制度、风俗、舆论和整体的社会环境，是否足以让男人与女人真正平等呢？怀疑论者说：“女人将永远是女人。”另一些具有洞察力的人预言，女人抛弃了女性气质之后，不会成功地把自己变成男人，而是会变成怪物。这么说等于承认，如今的女人是自然的产物。然而我们必须重申，人类社会中没有什么是自然的，而女人正如其他事物一样，也只是文明的产物。他人对她的命运的干预十分关键，如果这些行为朝着另外一个方向发展，就会有完全不同的结果。

女人之所以是女人，不是由体内的激素或神秘的本能决定的，而是由其他人的行为对她的身体、她和世界的关系的塑造方式决定的。把少男与少女分隔开来的鸿沟，自他们幼年时期就被刻意地越挖越深；随后，女人无法再逃离她原先被造就的样子，过去的阴影将永远地笼罩她。如果我们意识到外力的作用，就会清楚地明白，她的命运不是永远确定的。

毫无疑问，我们不应该简单地认为，改变女人的经济状况就足以使她得到重塑，尽管对于她的转变来说，这个因素曾经是、现在也仍然是头等重要的因素；但只要它没有带来它所承诺和要求的道德、社会、文化的种种改变，新型的女人就不会出现。眼下，这些改变在任何地方——无论是苏联、法国还是美国都没有实现，这也解释了为何如今的女人在过去和未来之间左右为难。她往往以伪装成男人的“真正女人”的面目出现，无论是女性的肉体还是男性化的外表都让她感到不自在。她必须脱胎换骨，改头换面。

只有依靠社会的演变，她才能走到这一步。如今，没有任何一个教育家能够创造出与男性一模一样的女性。如果将年轻的女孩当作男孩培养，她会感到自己格格不入，因此会被赋予一种新的性别分类。司汤达很懂得这一点，他说：“必须一口气种植一整片森林。”相反，如果我们设想一个已经具体实现了性别平等的社会，这种平等将会在每一个个体身上得到全新的表达。

如果一个小女孩从幼年起，就同她的兄弟被施加同样的要求，给予同样的奖励，面临同样的严格管理和同等的自由，学习同样的东西，玩同样的游戏，被许以同样的未来，周围的男人和女人在她看来毋庸置疑是平等的，那么，“阉割情结”和“恋母情结”的含义就会彻底地改变。母亲与父亲一样，承担夫妇二人在物质和精神上的责任，也会享有同样持久的威信，那么孩子会感受到周围是一个两性并存的世界，而不是一个只有男性的世界。

哪怕她在情感上更受父亲的吸引——这甚至并不确定——她对他的爱会带着一丝竞争的意味，而不是无力与之相比的感觉，她不会发展成被动的个体。她能够在工作和运动中证明自己的价值，主动地同男孩竞争。因此，没有男性的生殖器官并不足以令她产生自卑情结，生养孩子的期待还能给予补偿；与此同理，如果人们不向男孩灌输不平等的观念，要他以同样的态度尊敬女人和男人，他就不会产生“优越情结”。我认识一个8岁的小男孩，和他的妈妈、姨妈和外婆一起生活，她们都是独立自主的女人。此外，还有他年老体弱、身体残疾的外公。他曾经历过短暂地面对女性的“自卑情结”，不过后来他努力战胜了这种负面影响。在学校里，他仅仅因为自己的同学和老师是可悲的男性，就对他们嗤之以鼻。在上述环境中长大的小女孩不会在自我陶醉和白日梦中寻找少得可怜的安慰，也不会认为自己的命运无法改变；她会关心自己所做的事情，会全身心地投入到她的工作中。

……

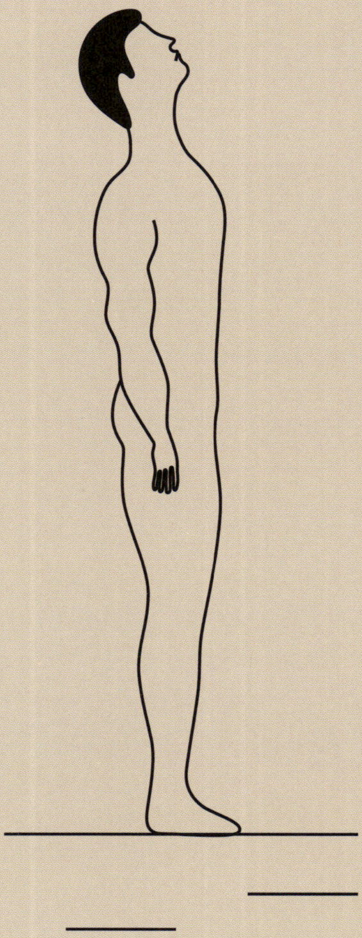

比起我们都是人类的事实，把不同的人类区分开来的一切特性都不值一提。

照片：西蒙娜·德·波伏娃与让-保罗·萨特

事实上，男人像女人一样只是肉体，因此也会被动地沦为激素和物种本能的玩物，成为个人欲望的猎物。而她也像他一样，在肉体的狂热中心甘情愿，主动奉献；他们都以各种各样的方式经受肉体带来的奇异而模糊的存在感。在他们认为互相对抗的斗争中，每个人对抗的其实是那个挣扎的自己，他们将予以否认的那部分自己投射到另一半的身上。他们不愿意经历自身模糊的状态，因此都试图让对方背负压力，而让自己保留清誉。

然而，如果双方都以理性、谦逊的态度应对这种模糊的状态，他们就会将对方看作同等的人，共同享受这出性爱的戏剧。比起我们都是人类的事实，把不同的人类区分开来的一切特性都不值一提。优势从来都不是源于天生的性别：古人对于“优点”的定义，来自“我们自己决定”的层面。在两性中上演着同样的关于肉体与精神、有限与超越的戏剧，两性都受到时间的折磨，面对着伺机而动的死神，对另一方都有着同样本质的需求，他们能够从他们的自由中获得同样的荣耀。如果他们懂得品味这种荣耀，就不会再受到诱惑而为虚假的特权争执，他们之间就可能产生爱。

有人会告诉我，这些看法都是乌托邦式的幻想，因为要重塑女人，社会就必须让女人与男人真正平等。在这样的情况下，保守派从来不会忘记指出这种恶性循环，不过，历史不会总在原地打转。无疑，如果一个阶层保持在低人一等的状态，这个阶层自然就是弱势的，但是自由可以打破这种循环。让黑人去投票，他们就会充分利用投票的权利；让女人负应负的责任，她们就会学会承担责任。事实上，不能期望压迫者毫无缘由地踏出慷慨的第一步；然而，有时是被压迫者的反抗，有时甚至是特权阶层自身的演变，创造了新的情境。因此，男人就是这样从自身的利益出发，部分解放了女人，而留给女人的任务只是继续这条攀登之路，她们获得的成功鼓励着她们持之以恒。几乎可以肯定的是，她们或迟或早都会获得经济和社会的完全平等，这会带来内部的巨变。

然而，或许有人会反对说，即便这样的世界可能实现，也并不令人向往。当女人同男人“一样”的时候，生活会失去它的乐趣和刺激。这个观点并不新颖，那些想延续现状的人，总是为即将消失的美好泪流满面，而不对生机勃勃的幸福未来展露笑容。的确，取消奴隶贸易，也就埋葬了遍布杜鹃花和茶花的、宏大壮观的种植园，摧毁了精致的美国南方文明。在时间的阁楼里，古老而稀有的花边与西斯廷的阉伶（为了保持童声，在童年时接受阉割手术的男性歌手）纯粹的嗓音相融，而这种“女性魅力”也即将被永久地封存在灰尘满满的历史储藏间里。如果不懂得欣赏美好的花卉、稀有的花边、阉伶的清脆嗓音和女性的魅力，必定是一个野蛮人的话，我对此表示认同。

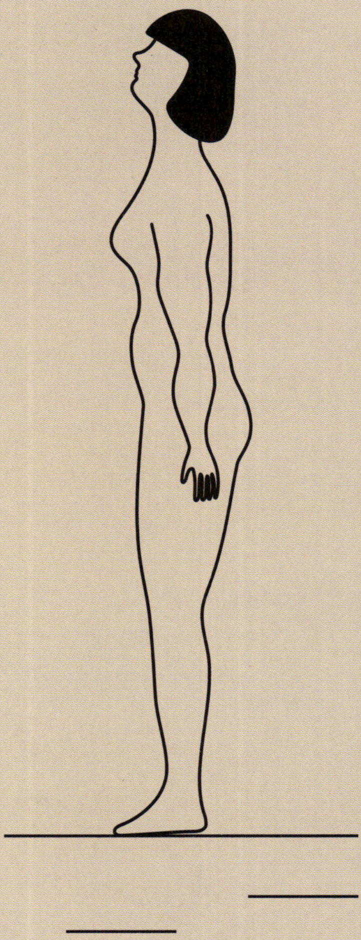

那些大谈特谈“差异中的平等”的人，一定会大度地赞成我的观点，即平等中也可能存在着差异。

当“迷人的女子”尽情地展现她的风采时，她就是一件精美的物品，令兰波兴奋不已的“傻气的绘画、门头饰版、风景、卖艺者花哨的招牌、流行的复制品”都不能与之比拟；她以最现代的手艺装饰，以最新式的技巧美化，她来自遥远的古代，来自底比斯、克里特岛、奇琴伊察；她也是竖立在非洲丛林深处的图腾；她是一架直升机，是一只飞鸟；她还是有史以来最大的奇迹——在她染色的头发下面，森林的低语变成了思想，话语从她的胸中溢出。男人向这样的奇迹伸出贪婪的手，但一旦他们抓住了奇迹，奇迹就会消失；妻子、情人，像所有人一样用她们的嘴巴说话：她们的话语只有本身的价值，她们的乳房也是这样。如此一个稍纵即逝又极其罕见的奇迹，为人们延续对两性都有害的处境做了辩解吗？人们可以欣赏花卉的美丽、女人的魅力，赞赏其真正的价值；但是，如果这些珍宝的代价是鲜血和不幸，人们就必须舍弃。

事实上，这种舍弃对于男人来说似乎特别沉重。很少有男人打心底里希望女人能有所成就，其中，那些对女人不屑一顾的男人，看不到这种舍弃能让他们得到什么，而那些珍视女人的男人，则会发现他们将失去很多东西。确实，目前的演变不仅威胁着女性的魅力，女人开始为自己存在的同时，便要放弃分身和中间人的职能，这种职能使得她们能在男性世界中获得特权地位；男人受困于自然的沉默和其他自由生物的苛刻存在之间，对于他们而言，一个既是他们同类又是被动个体的存在就像是巨大的财富。他们从这样的外表下构思出自己伴侣的形象，她可能非常神秘，但以她为来源或借口的体验依然十分真实，几乎找不到更宝贵、更亲密、更热烈的体验了。

我们不能否认，女人的依附、弱势和痛苦赋予了她们独特的性质；如果女人的自主能免去男人的许多烦恼，肯定也会剥夺他们的许多便利。无疑，在未来的世界里，某些形式的两性探险将会消失。但是这并不意味着爱情、幸福、诗意和梦想会一同被排除。

我们不能忘记，自己想象力的缺乏总是使未来变得荒无人烟；对我们来说，未来只是一种抽象概念，我们每个人都强烈地反对属于自己的东西消失不见。然而，明天的人类会在肉体和意识的自由中体验未来，这将是他们的现在，而他们也会更加喜欢这个现在。在两性之间，会产生我们想象不到的肉体和情感关系；事实上，在男女之间已经出现了友好、竞争、同谋、共战的情谊，不论是纯洁的，还是肉欲的，在过去的几百年里根本不可想象。再提一点，认为新世界将会因为一成不变而变得无聊至极的观点似乎比什么都更有争议性。我不认为现在的世界就没有无聊之事，也不认为自由会导致一成不变。

首先，男人和女人之间始终会存在某些差异，她的情色、她的性欲世界具有自己特殊的形式，因此必定会引发一种性质特殊的感官享受和敏感体验。这意味着，她同她自己的身体、男性的身体以及孩子的关系，与男人同他自己的身体、女性的身体以及孩子的关系永远不会一样；那些大谈特谈“差异中的平等”的人，一定非常赞同我的观点，即平等中也可能存在着差异。话说回来，是制度造就了一成不变的世界。后宫的女奴虽然年轻漂亮，在苏丹的怀抱里却总是没有差别；基督教为肉欲染上罪恶的韵味，而当它赋予人类女性以灵魂时，肉欲就成了奇迹；如果社会能恢复女人至高无上的特殊性，也不会因此摧毁爱人的拥抱里那种打动人心的力量。

有人认为，如果男人和女人从具体的层面变得平等，狂欢、恶习、迷恋、激情都会不再可能，这种观点是荒谬的。肉体和精神、瞬间和永恒、内在性的眩晕和超越性的挑战、愉悦的绝对和遗忘的虚无之间的矛盾，将永远不会被解决。存在的紧张、痛苦、快乐、挫败和胜利总能在性爱中得到实现。解放女人，是拒绝把她限制在她和男人的关系之中，而不是否认这些关系，允许她独立的存在，她也会继续为他而存在——双方互相承认对方是主体，而就对方来说，双方都仍然是他者。

他们关系的相互性不会让欲望、占有、爱情、梦想和冒险的奇迹消失，这些奇迹因为人类分为两个不同类别而产生，那些使我们感动不已的词语——给予、征服、联合，也不会失去它们的意义。相反，一旦我们消灭了一半人类的奴役状况，以及它代表的整个虚伪的制度，人类的“划分”将显示它真正的意义，人类的伴侣关系将找到它真正的形式。马克思说过：“男人与女人的关系是人类与人类直接、自然、必然的关系。这种关系的本质决定了人如何对自己来说成了人类的存在物。男人与女人的关系是人与人之间最自然的关系。因此，这种关系可以表现出人的自然行为如何成为人类的自然行为，或者人类的存在如何成了他的自然存在，而他的人类本质又是如何成了他的本质。”

这已经把情况说得足够清楚了。在既定世界中，正是要由人来建立自由的领域。为了取得至高的胜利，男女超越他们的自然差异，并通过这种差异毫不含糊地确认他们的情谊，是必不可少的一步。
节选自《第二性》，1949年。N

玻璃天花板？对我来说更像
是玻璃地板。

在这里，我们将公布主题为“时间”的第22届“新哲人”作家奖的获奖作品。第一名是作家伊恩·罗斯的作品《时间的倒退》。哲学教授芭芭拉·埃伦·汉南的散文《时间中的自我》位居第二。

时间的倒退

伊恩·罗斯

就在此时此刻，一次又一次，我在时间里飞速倒退。

开场白结束的时候（这一集里，店员独自一人工作到很晚，拉开更衣室的帘子问道：“需要帮忙吗？”但没有收到回复，只有一个阴森而清晰的、金属形态的机器人出现），片头闪现和主题曲响起，仿佛这10年都被压缩了。

伴着旋涡、推进的低音和四四拍的节奏，嗡鸣的合成音响起，强调着它显然永恒的通道，20世纪50年代的蓝色警察电话亭开始打转。我年近50，坐在这里，身边坐着我的两个孩子，一个7岁，一个9岁，一起看着《神秘博士》。而我自己，好像又回到了8岁。

为人父母可以让人忘记时间。

刚有孩子时的睡眠紊乱，以及每日在更换尿布、处理呕吐物、整理遍地玩具中苦苦挣扎，频频挑战着忍耐的极限。岁月就这样像彗星一样一闪而过。后来的日子越发不知不觉，孩子上学，毫无悬念地升级，又迎来严苛的时间表和课外活动安排，还有生日蛋糕、假期和门框上无情的铅笔痕迹，记录着我们后代的成长。所有这一切的潜台词，都是我们自己一天天走向长眠。

在朋友米歇尔·贝索刚刚去世的时候，爱因斯坦写过（正在写？将要写？永远一直写着？）一封信给他的家人，里面说道：振作起来，想一想，过去、现在和未来的差别不过是一种顽固而持久的幻想。

冠军

第22届作家奖主题：时间

我很晚才当父亲。这纯属偶然，并非有意计划，但我也为时间粗心大意的巧妙安排而感到十分满足。我的40岁生日比我们的第一个孩子早一个月，这不仅使我很容易就记住了自己和她的年龄，而且还提供了一个清晰的界限，让我大胆地区分此前与此后的生命。因为我们的确喜欢划分自己的经历，无论是集体的，还是个人的，这让我们得以将时间纳为一个个时代，虽然这种概念可能只是虚幻。

而且，正如每个曾为人父母的人都预先提醒过的那样，这确实是一个新阶段的开端。伴随着父母的身份，生活会发生彻底而不可逆转的改变。我准备好了付出无穷无尽到令人生畏的无条件的爱，也准备好了必须听“摇摆者”乐队（澳大利亚儿童乐队）。可是我并没有准备好的是，这种新的状态竟然会与我自己遥远的童年再次相连。

透过宝宝的眼睛看世界，我想起了几十年前，地球的另一端，在伦敦西边的一栋公寓里，我在沙发上爬向的那条粗糙的绿色毛巾，以及它的质地（我总是在爬行，也会一直爬下去）。也想起了长牙的时候，啃着婴儿饼干发出的并不令人愉快的磨牙声。

通过无数的时刻——看着他们玩耍，嘴上重复说着我妈妈曾经对我说过的人生格言，坐在学校教室里开家长会，过去的一切不断地冲击着我：它仍然存在于现在。

将孩子们安置在床上一个小时之后，我从门缝里看着他们，看穿了他们颤抖的眼皮下假装睡着的小心思。我回忆起自己像他们这么大的时候，躺着睡不着的样子。那时候我默默听着成年人交谈的杂音，水倒在杯子里的汩汩声（那时候还是20世纪70年代，有很多汩汩声），还有禁止儿童观看的深夜成人电视节目——调皮的《巨蟒剧团》，或是激动人心的《檀岛警骑》。

现在，我们通过《神秘博士》交流。

为不了解这部电视剧的人介绍一句，与剧同名的神秘博士是一个穿越时空的外星人（加利弗里行星的时间勋爵），他在一座警察电话亭里照看着整个宇宙（这部电视剧自1963年开播以来， 他在旅途中捡到了许多人类伙伴，总是用这句话让他们惊叹不已：“但是……里面就更大了！”）。 他已经有900多岁了，而且不会面对生老病死，甚至最近也失去了性别的限制。每当主要演员厌倦了这个角色，或者不再受欢迎的时候，神秘博士都会“再生”。

博士的核心悲剧是，他（一直并且永远会）努力去做好事，四处拯救生命和鼓舞人心，却在自己的身后留下了一片遭到毁坏、错综复杂、跨越时空的生命与死亡的痕迹。我小时候很喜欢这个角色和这个系列，尽管它的主题主要是怪物的故事，没有探讨什么道德的困境和悖论。如今，我们的孩子沉迷于此——不是我让他们看的，尽管我可能是个粗心大意、有点自我的父亲。

我们每周都一起看《神秘博士》，已经补完了前些年的几季（他们已经见证了三次重生——我觉得比起那些荒诞的故事，我的儿子更喜欢重生，他还定期上演自己的突变，假装像木板一样僵硬，摆出被钉在十字架上的姿势，发出刺耳的咆哮声，听起来有点像是洗衣机在为下一次疯狂旋转做准备）。这样的时间是一种意料之外的享受，令人想起了博士所说的“时间时间，混乱无限（wibbly，wobbly，timey-wimey）”的神秘本质。

当然，不必成为神秘博士的粉丝或父母，你也可以体会到时间的一团混乱。

所有人都痴迷于时间，希腊人也不例外。他们用自己使用的语言区分了关于时间的不同体验，“克洛诺斯”指的是从分钟到小时、星期到月、月到年的线性推进，这种推进如今令我们备感压力，追赶着截止日期，哀叹时间总是不够用；而“凯罗斯”在古典修辞学中意味着时机已到（该术语可能源于射箭，指的是从弓弦上释放箭的那个完美瞬间——有史以来，箭与时间的艺术一直紧密相连），更笼统地说，它描述了那些避开了“克洛诺斯”参数（即时间线）的、难以言喻又美妙非凡的时刻和场景。

照片：《神秘博士体验展》，戴沃斯

即使是一个不愿意思考这种事情，并且厌恶任何形式的科幻小说的人，也知道玩得开心的时候，时光会飞逝而过，而被人盯着的锅里，水永远不会沸腾。时间的形而上学可能令人惊讶，但（同时）也是常识。

尤其是日渐衰老的人（尽管我一直坚决地否认，但是面对过去的半个世纪，我还是被迫要算上我自己）都有一个共同的经历：比起近期的记忆，童年的记忆似乎更加敏锐精确。不太严肃的调查证实过，不只是我，还有很多人都能精确地回忆起小学同学的名字、长相和怪癖，却常常因为忘记了最近几年见过或共事过的人而尴尬不已。

也许像卢梭所说的那样，幼稚的大脑具有“柔韧灵活的特性，使其适合接受各种印象”。启蒙运动的开拓者发现，儿童几乎不会以语义的方式记住任何东西（因此大多数传统教育都徒劳无功）。但是他们认识到，成人记忆会像磁铁一样被童年的记忆吸引，因为这些印象深刻而持久。

我坐在这里，挤在我的两个咿咿呀呀的孩子中间。我们看到第11个博士与机器人大战的时候，我已经想不起第4个博士在20世纪70年代做着同样的事情的细枝末节了。但是我记得我和姐姐在那张凹凸不平的绿沙发上缩在一起的样子，记得我们带着兴奋的恐惧，把脸藏在靠垫后面的感觉。

厨房里传来母亲的声音，告诉我们茶已经泡好了。是的，依爱因斯坦的理论，她仍然在呼唤我们，也会一直呼唤我们，这个想法是一种安慰，但是还不够，远远不够。

母亲死了，而我也会死（已经在走向死亡，而且一直如此）。二者都比我希望的时间早得多。我唯一的重生将会来自我的孩子对于此时此刻的记忆，尽管我每天都提醒自己，拥有那些的我是多么幸运。也许这就是博士所说的“无限混乱”的“时间”，尽管残酷，但我们自己的时间短暂，固执地流逝。

我们中没有一个人会把时间浪费在时不时反复思考这个真理上。

像博士一样做一位时间勋爵也许很好。但是，远离永恒的领土，我们很容易感觉到自己只是时钟、时间表、日历的农奴，臣服于脸上日益加深的皱纹，描述着时间的束缚。但这不是必要的，我们可以摆脱这种桎梏。

从“克洛诺斯”中解放是因为对“凯罗斯”的理解和庆祝。寻求解脱最好的向导一定是孩子，因为他们不假思索、极其明智地沉浸在此时此刻。

无论孩子是我们自己的孩子，还是我们内心深处的孩子。N

亚军

第22届作家奖主题：时间

时间中的自我

芭芭拉·埃伦·汉南

每当我告诉别人自己是研究形而上学的哲学教授时，常常会迎来茫然的眼神或者怀疑的态度。如果和我聊天的人是科学家，我可能会收到比怀疑更过分的反应：或是皱眉，或是当即下结论说我滑稽可笑、不太聪明、教育水平不够，或是干脆觉得没必要跟我继续聊天了。

科学对形而上学的这种轻蔑态度，是一种误导性的科学哲学留下的不幸遗产。它被称为逻辑实证主义或逻辑经验主义，在20世纪颇具影响力。根据逻辑实证主义，只有科学是有意义的，形而上学则是胡说。逻辑实证主义者认为他们能够清晰地区分科学和形而上学，但他们错了。事实证明，他们所宣扬的绝大多数理论都错了。可是现在仍然有很多人认为形而上学是胡说，哪怕他们没法讲清楚形而上学是什么，以及他们为什么认为它是胡说（叹气）。

形而上学的难题是非常真实的，科学家们也对此感兴趣（或者至少应该感兴趣）。威尔弗里德·塞拉斯（20世纪美国哲学家）很好地在现代意义上定义了“形而上学难题”：它是“显然印象”和“科学印象”之间的冲突。

作为具有实践性、能动性的人类，要继续我们的生活，就必须假定某些事情是真实的。比如我们是理性的施动者，有信仰、欲望、目标、兴趣和自由意志；我们能够做出选择，展现自愿行为，并影响未来；过去已经结束并逝去，未来尚未到来，等等。塞拉斯将这类事实称为“显然印象”，即通过常识和实践理性，我们和我们的世界看起来的样子。

作为生活在科学时代的人类，我们经常受到冲击，需要调整我们对现实的“显然印象”，以求使之符合科学告诉我们的事物的样子，即“科学印象”。“显然印象”和“科学印象”之间出现冲突的时候，我们无法就这样舍弃“显然印象”，并接受科学之所言，这时我们就有了一个形而上学难题。

照片：《车站时钟》，弗罗茨瓦夫

对于塞拉斯的观点，我还想补充一点：如果科学印象自相矛盾，或者看起来违背了理性，还会出现另一种形而上学难题。一个很好的例子是，能量量子显然能够处于多种状态的重叠之中，比如同时朝向狭缝A和狭缝B（双缝干涉实验）。但真的能够这样吗？一只猫能够既活着又死了吗？

“自我”的科学印象

根据科学，每个人都是生物有机体（或者更准确地说，每个人都由生物有机体构成）。每个有机体都是一条“时空虫”，一个在我们所熟悉的三个维度中延展的实体，同时也处于第四维度“时间”之中。构成“我”的时空虫，始于20世纪50年代末，终结于我去世之时，无论那是将来的哪个时刻。

每个有机体都是一个复杂的物理结构，并不存在非物质的心智或灵魂；“灵魂”这个词其实是一种误导性的说法，它其实指的是有机体的一些生命功能，包括意识和自愿行为的能力。准确来说，“自我”并不是一个统一、连贯的感觉主体，也不是一个理性行为实施者。人类主体的统一性和理性既脆弱又不稳定。大脑有无数的系统和子系统，它们可能彼此矛盾，而这些系统中只有一部分是意识能够企及的。

“时间”的科学印象

爱因斯坦的广义相对论鼓励我们将时间设想为第四维度，而我们存在于其中。时间维度与空间维度在很多方面都十分类似（上与下，左与右，前与后）。我们生存在时空的“块状宇宙”中：过去、现在和未来都同样真实。事件可以通过一组时空坐标来定位。时间其实并不流动或流逝——时间的推移仅仅是一种表象。

与此相反，爱因斯坦的狭义相对论又告诉我们，时间的确在流逝，但时间会在一个相对于观察者快速加速的参考系下流逝得更慢（若处于一个越来越强的引力场中，也会有同等的效果）。“两个事件是否是同时的”这个问题并没有标准答案，这完全取决于是何者相对于何者在移动。因此，时间是否真的在流逝？物理学本身似乎未置可否。这就是前文定义的第二种形而上学难题，一种科学内部的矛盾。

至少有一个哲学家唐纳德·C.威廉姆斯论证过时间事实上并不流逝（流动或移动）。他的论证纯粹是逻辑上的。运动只能相对于时间被定义，运动就是在不同时间处于不同位置。因此，如果时间本身要移动，就必须相对于其他事物移动——元时间？可是，元时间本身也必须移动，这会需要元元时间。沿着这个思路下去，会走向不可接受的无限回归。因此，时间不能移动。

“自我”的显然印象

如果我是一条时空虫，我并不会像时空虫一样体验我自己。可以这么说，我仅仅将我自己作为当下的时间切片来体验。对于我自己，我好像是一个自我，一个统一的观察点，一个感觉和思维的主体，沿着时空虫滑行，仅仅在转瞬即逝的当下是真实的。我只能通过那个容易出错的“记忆”官能，回到我自己过去的时间切片。我只能通过更容易出错的“预想”官能，来到达我自己未来的时间切片。对于我而言，过去的那些自我似乎并不真实，它们已经在过去中逝去，而过去已经结束。未来的那些自我，好像同样不真实。它们在未来，而未来还未到来。

时间确实好像在移动或流动。有很多比喻都在刻画我们对时间流逝的直觉：时间总在前行，时间不等人，时间是一条长河。弗朗西斯·斯科特·菲茨杰拉德在《了不起的盖茨比》中写道：“我们奋力前行，小船逆流而上，却不断地被推回到过去。”似乎确实如此。原本还未发生的事情，突然在某个一闪而过的瞬间成为现在，随后在过去中渐渐远去。

“我是一条时空虫（或者由时空虫构成）”的科学假说，会带来一些违背直觉的结果。想想“变化”这件事。如果我是一条时空虫，那么我只会在如下的意义上随着时间变化：我的不同时间片段或切片拥有不同属性，完全可以将其比喻成一条路的路况，有的地方颠簸，有的地方平坦，有的地方弯曲，有的地方笔直，等等。但是这好像不太对。变化是一个动态的过程。时间切片更像虚构物，是从连续的流动中截取的精致画面。

如果时间切片是真的，那么我们应该能够计算它们的数量。我们也应该有明确的标准来确定切片的起始点。20世纪美国哲学家W.V.O.蒯因拒绝承认任何无法通过以下测试的实体进入他的本体论讨论。蒯因说："无特性，不实体。"意思是只有当我们能具体说明我们何时拥有一个这样的事物，而何时又有了两个的时候，才能承认这件事物是真实的。时间切片无法通过蒯因测试。"我"由多少时间切片构成？一条时间虫又能切成多薄？经过深思熟虑，时间虫似乎有无数切片，正如一条线上有无数个点，一段音乐中有无数节拍一样（一段用6/8拍号表示的乐谱，同样可以用12/16或24/32表示……你可以无限地将这个分数的分子分母同时翻倍）。

一根香蕉从绿变黄再变黑，或是我从青年到中年再到老年，这个过程是逐渐的、连续的。并不存在一个由可数的、拥有不同属性的时间切片构成的静止的时空客体。事实上，事物的属性会随着时间的流逝而变化。这个过程是真实的，而切片只是虚构的，至少在我看来似乎是这样的。时空虫理论另一个违背直觉的结果在于"自我"，"我"从不会在任何一个给定时间完全在场。我的朋友们从不会见到全部的我，即便他们绕着我走一圈，从各个角度检视我的身体。他们所见到的，只是我的某个时间片段。

不仅如此，根据时空虫理论，如果我记起某些过去曾发生在我身上的事情，这仅仅指我的某个时间片段与过去的某个相关事件相互重叠。同时，这个时间片段又与我现在的时间片段在因果上连续。但这似乎也是错的。如果我记起20岁时发生在我身上的事情，这需要建立在"我曾在那里"的事实之上——我，现在正在写这句话的同一个自我，体验了过去的事情。我那时完全在场，我现在也完全在场。

时间在移动的感觉，会不会只是一个错觉？在我看来并非如此，除非因果关系也只是错觉（对于科学，还有什么比因果关系更为必要的呢？）。因果关系（对于变化而言至关重要）是一个在时间中的过程，带有一个确定的时间顺序。在某些情况下，原因与结果可以说是同时发生的（比如运动的皮带带动滑轮）。如果不考虑这种情况，原因通常在时间上先于结果。事物之间真实的因果关系的存在本身，就预设了时间要有一个方向（"时间之箭"）。物理学家告诉我们，时间的方向就是熵的方向，从有序到无序。如果时间确实有一个方向，那么它就在移动。

关于时间的"科学印象"带来的违背直觉的结果，我还可以举很多例子。比如，如果"块状宇宙"是真实的，那么宿命论必然也是真实的：关于未来的话语已经有了真值，我们无法做出任何改变未来的事情。作为实践的施动者，如果宿命论是真的，我们根本无法生活。

关于时间和自我的反思，揭示出形而上学绝非毫无意义，而是与科学一脉相承。那些依然被逻辑实证主义的观点欺骗的科学家们需要三思。

庄子

闻在宥天下，不闻治天下也。在之也者，恐天下之淫其性也；宥之也者，恐天下之迁其德也。天下不淫其性，不迁其德，有治天下者哉？

昔尧之治天下也，使天下欣欣焉人乐其性，是不恬也；桀之治天下也，使天下瘁瘁焉人苦其性，是不愉也。夫不恬不愉，非德也；非德也而可长久者，天下无之。

人大喜邪，毗于阳；大怒邪，毗于阴。阴阳并毗，四时不至，寒暑之和不成，其反伤人之形乎！使人喜怒失位，居处无常，思虑不自得，中道不成章。于是乎天下始乔诘卓鸷，而后有盗跖、曾、史之行。故举天下以赏其善者不足，举天下以罚其恶者不给。故天下之大不足以赏罚。自三代以下者，匈匈焉终以赏罚为事，彼何暇安其性命之情哉！

而且说明邪，是淫于色也；说聪邪，是淫于声也；说仁邪，是乱于德也；说义邪，是悖于理也；说礼邪，是相于技也；说乐邪，是相于淫也；说圣邪，是相于艺也；说知邪，是相于疵也。天下将安其性命之情，之八者，存可也，亡可也。天下将不安其性命之情，之八者，乃始脔卷獊囊而乱天下也。

而天下乃始尊之惜之。甚矣，天下之惑也！岂直过也而去之邪！乃齐戒以言之，跪坐以进之，鼓歌以儛之。吾若是何哉！

故君子不得已而临莅天下，莫若无为。无为也，而后安其性命之情。故贵以身于为天下，则可以托天下；爱以身于为天下，则可以寄天下。故君子苟能无解其五藏，无擢其聪明，尸居而龙见，渊默而雷声，神动而天随，从容无为，而万物炊累焉。吾又何暇治天下哉！

崔瞿问于老聃曰："不治天下，安藏人心？"

老聃曰："女慎，无撄人心。人心排下而进上，上下囚杀，绰约柔乎刚强，廉刿雕琢。其热焦火，其寒凝冰，其疾俯仰之间而再抚四海之外。其居也渊而静；其动也县而天。偾骄而不可系者，其唯人心乎！

"昔者黄帝始以仁义撄人之心，尧、舜于是乎股无胈，胫无毛，以养天下之形。愁其五藏以为仁义，矜其血气以规法度。然犹有不胜也。尧于是放讙兜于崇山，投三苗于三峗，流共工于幽都，此不胜天下也。夫施及三王而天下大骇矣。下有桀、跖，上有曾、史，而儒墨毕起。于是乎喜怒相疑，愚知相欺，善否相非，诞信相讥，而天下衰矣；大德不同，而性命烂漫矣；天下好知，而百姓求竭矣。于是乎釿锯制焉，绳墨杀焉，椎凿决焉。天下脊脊大乱，罪在撄人心。

天下脊脊大乱，罪在撄人心。

“故贤者伏处大山嵁岩之下，而万乘之君忧栗乎庙堂之上。今世殊死者相枕也，桁杨者相推也，形戮者相望也，而儒墨乃始离跂攘臂乎桎梏之间。意，甚矣哉！其无愧而不知耻也甚矣！

“吾未知圣知之不为桁杨椄槢也，仁义之不为桎梏凿枘也，焉知曾、史之不为桀、跖嚆矢也！故曰：绝圣弃知，而天下大治。”

黄帝立为天子十九年，令行天下，闻广成子在于空同之山，故往见之，曰：“我闻吾子达于至道，敢问至道之精。吾欲取天地之精，以佐五谷，以养民人。吾又欲官阴阳，以遂群生，为之奈何？”

广成子曰：“而所欲问者，物之质也；而所欲官者，物之残也。自而治天下，云气不待族而雨，草木不待黄而落，日月之光益以荒矣，而佞人之心翦翦者，又奚足以语至道！”

黄帝退，捐天下，筑特室，席白茅，闲居三月，复往邀之。

广成子南首而卧，黄帝顺下风，膝行而进，再拜稽首而问曰：“闻吾子达于至道，敢问治身，奈何而可以长久？”

广成子蹶然而起，曰：“善哉问乎！来，吾语女至道。至道之精，窈窈冥冥；至道之极，昏昏默默。无视无听，抱神以静，形将自正。

“必静必清，无劳女形，无摇女精，乃可以长生。

“目无所见，耳无所闻，心无所知，女神将守形，形乃长生。

“慎女内，闭女外，多知为败。

“我为女遂于大明之上矣，至彼至阳之原也；为女入于窈冥之门矣，至彼至阴之原也。

“天地有官，阴阳有藏。慎守女身，物将自壮。”

我对二元论有两种看法。

插图：艾达·诺瓦，卡洛斯·伊根

勤勉的黄金中值

奈吉尔·沃伯顿

在我们这个时代，工作侵入家庭生活，一点点蚕食我们的自由时间，已经是一种常态。用卢梭的话来说，我们“生而自由，但枷锁却无处不在”。有了无线网络和智能手机，无论你在哪里，都离不开工作。事实上，对于许多人而言，办公室已经不再是上班的地方——它已经成为抽象的概念，是一个虚拟的关系集，而非实实在在的空间。我们只是碰巧在某个地方工作，但真正的工作是在复杂的关系网中与同事、客户和公众来往。我们会收到电子邮件和电话，我们执行任务、回复消息、点击按钮，事情源源不断。如果一切顺利，我们就能拿到报酬。这个时代使许多人摆脱了办公桌的束缚，创造出数字游民的盛况：一位流浪在外的远程工作者，只需要一台笔记本电脑，无论是在异国他乡的酒店大堂，还是在郊区的咖啡吧，都可以一样轻松地工作。

这样的工作状态带来的结果有利有弊。人类这个物种，已经作为社交动物进化了数百万年，享受在较小的群体中面对面的互动。即使是视频会议已经如此真实，仍然无法替代实实在在的当面往来，人际交互的微妙之处并不能完全被网络的摄像机捕获。在数字技术时代，实体的相遇仍然有自己的独特作用。

但是，工作与业余生活之间的良好平衡是怎样的？有些效率专家会要求我们辛辛苦苦地长时间工作，而有些专家则希望将我们的日常工作时间减少到4个小时以下。说起来很简单，为了美好的生活，我们需要按比例分配工作，而不是让它缓缓侵蚀到我们清醒的每时每刻，破坏我们与朋友、家人的关系，逐渐使我们疲惫不堪，直到我们看起来似乎只是为了处理工作而活着。但问题是，这个比例应该是多少？

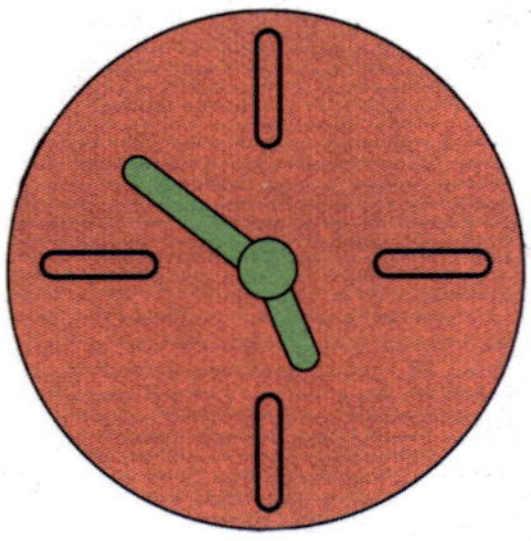

对于亚里士多德而言，美德总是落在两种劣性之间，例如，勇敢就位于愚蠢的劣性（对自己安全方面的事情毫不关心）和懦弱的劣性（无法让自己做正义的事情）之间。那么，勤勉的黄金中值位于何处？可以让勤勉居于其中的两个明显的竞争者是懒惰（完全不想工作）和工作狂（就是不能停止工作）。

勤勉的美德非常有吸引力。但是，只有工作本身并不是好事。卡尔·马克思和他的追随者们深谙此理：只知勤勉，为他人的利益工作，会冒着将自己变成机器中一个齿轮的风险；它让人脱离自己创造的东西，脱离生产的过程，甚至脱离原本应该拥有的生活。至少我们大多数人想要的，都是既拥有有意义的工作，又拥有有意义的休闲时间。那些被资本主义的严重过剩包围的人，几乎没有机会多花点时间在业余的事情上，让自己得到满足，因为工作的条款是自上而下推行的。

这里，我谈论的不仅仅是那些从事体力劳动的人，许多金融界和法律界的人的工作时长也远远超出了应有的工作时长。零工经济看似自由灵活，但也可能成为一块拉不到头的磨石。卑微的工资和不稳定的工作机会意味着那些选择这种生存方式的人常常需要格外努力，才能挣得体面的报酬。如果多花点时间在业余生活上的结果是如此之低的收入水平，那也没什么好处，因为没有收入就根本无法享受这种自由。如果出租车司机每天不得不工作10个小时以上才能维持生计，那么可以选择何时上班的出租车司机并不是真正的自由。

不只是雇主或多或少地强迫自己的雇员随时打开应用程序，准备接收工作通知，整晚都要检查电子邮件。我们中的许多人在短时间内已经沉迷于智能手机，一旦手机不在身边，我们就会感到空虚、孤寂。我本人就是这样。有一些哲学家已经开始严肃地提出，智能手机实际上是我们扩展思维的一部分——一个外部的记忆储存库，还有更多功能（按照这种观点，如果你丢失了手机，也就等于丢掉了一点儿大脑）。

恶魔般的设计师设计了鲜艳的图标和反馈性活动，吸引着我们低头沉迷于这些机器，日复一日地浪费我们本不该浪费的时间，让我们难以获得

注意力不断地离开手头的工作，这显然不是什么好事。

一晚安眠。而我们醒来时，新的一天又从例行检查电子邮件开始。除了那些具有钢铁意志的人以外，其他人几乎没有希望拥有一段纯粹的、在家远离工作的体验。

我们很容易将这样的现象看作对家庭生活的入侵，并为此悲伤不已。但是，思考这件事情，还有其他的角度。注意力不断地离开手头的工作，这显然不是什么好事。

然而还是有些想法可以聊以慰藉。作为作家，我特别喜欢其中的一个想法。想象你被困在水下半分钟，然后才能浮出水面呼吸。第一口呼吸，你会感觉很甜，因为你以为自己要淹死的时候，肯定会更享受新鲜空气。假设你在水下的状态具有负3个单位的愉悦度，而在水上的状态则达到了峰值，即正4个单位的愉悦度，那么浮出水面会让你的感觉比在水下提高7个单位的愉悦度。

同理，手机的屏幕给你带来数小时的打断和干扰之后，如果你能把它关上几小时集中工作，这种全新的自由会是多么地令人愉悦。但大多数人都无法做到这一点。不过，一个具有电子计时功能的保险箱可能会有所帮助，你可以关闭智能手机并将其放在保险箱中，转动表盘，并将打开时间设置在两个小时之后。如此，智能手机就不会再打扰你了。除此之外，还有应用程序能够拦截那些可能会让你忍不住在网上浏览的大部分甚至全部网站，让你全心投入工作。你可以享受两个小时的集中写作时间，仿佛呼吸着新鲜的空气。

就像尤利西斯将自己绑在桅杆上，避免海妖塞壬诱惑自己触礁一样，你也需要一而再再而三地阻止自己看手机的冲动。这样的两个小时让你感觉良好，并不只是因为它是一段没有杂念的时间，更是因为在一个处处干扰、让人时时分心的世界中，它是一段比任何其他两个小时都要纯粹的时间。正是这种对比，使这两个小时显得尤其珍贵。试试吧。

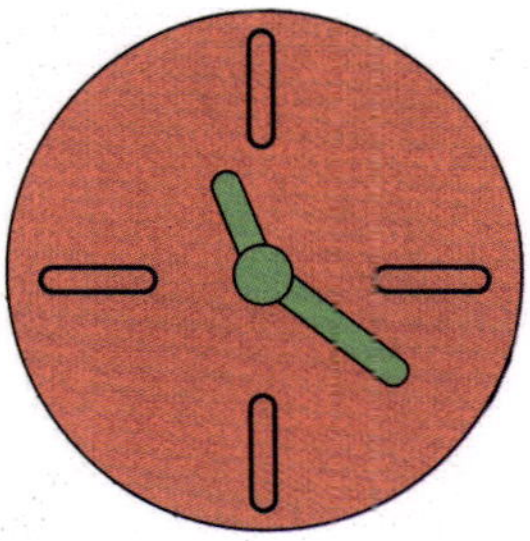

我们需要聊聊你的

“回避与生活的平衡”的问题。

那些阻碍和平革命的人，终将使暴力革命不可避免。

——

约翰·菲茨杰拉德·肯尼迪

照片：《G20抗议》，英国伦敦　　摄影：夏洛特·吉尔霍利

13个问题

纳耶夫·艾尔-罗德汉

对话赞·博格

牛津大学的纳耶夫·艾尔-罗德汉教授是哲学家、神经科学家和地缘战略学家。

您内心的阴暗面是什么?
我没有阴暗面。

您的教育经历中最重要的部分是什么?
大学。

哪位思想家对您一生的影响最大?
阿威罗伊（即伊本·鲁世德）。

您最怀疑的是什么?
利他主义。

如果可以改变这个世界上的一件事，您会选择什么?
让世界没有恐惧。

“平衡”对您而言意味着什么?
幸福。

您受到哪种假象的折磨?
没有。

无论代价如何，您一定不会做的事情是什么?
从不伤害。

如果您可以选择，最后一顿饭想吃什么?
不吃。

您最喜欢问别人的问题是什么?
你为什么那么做?

您最喜欢的词语是什么?
自尊/高尚（dignity）。

怎样算是安乐之死?
死亡不可能安乐……不过也许睡着的时候死去还行。

生命的意义是什么?
我们为生命赋予自己的意义。

b a l a n c e